현대인을 위한 신학총서 [7]

예 배 학

황성철 지음

 대한예수교장로회총회

예 배 학

발간사

　이 땅에 복음이 들어온 지 불과 한 세기가 넘는 동안 한국 교회는 하나님의 크신 은총으로 괄목할 만한 성장을 이루어 세계 교회의 찬사를 받고 있습니다. 신앙의 열심과 세계 선교에 대한 큰 열정을 볼 때, 한국 교회를 통해 하나님께로부터 받은 사명이 꽃 피워지고 있다는 사실에 감사하지 않을 수 없습니다. 그러나 또 한편으로 한국 교회는 양적인 급성장에 비하여 질적인 성숙도가 부족하다고 우려하는 자성의 소리도 크게 들려옵니다.
　각양 사상과 문화가 혼탁해지고 있고 상대주의, 다원주의의 물결이 넘쳐나는 혼돈의 시대에 그 어느 때보다도 성경적인 사고와 생활이 내면화되도록 지도자들과 평신도들을 질적으로 교육시키는 것이 시급하다고 판단됩니다. 그런 관점에서 이번에 총회 교육부가 기획한 신학총서는 개혁주의 신앙과 신학을 정립하고 성경적 삶을 살아가는 데에 많은 도움을 줄 수 있다고 생각합니다.
　즉 하나님의 형상으로 창조되고 예수 그리스도의 피로 구속함을 입은 우리들은 이제 성경으로 돌아가 성경대로 사는 것을 구심점으로 삼아야 할 것입니다. "모든 성경은 하나님의 감동으로 된 것으로 교훈과 책망과 바르게 함과 의로 교육하기에 유익하니 이는 하나님의 사람으로 온전하게 하며 모든 선한 일을 행할 능력을 갖추게 하려 함이라"(딤후 3:16~17)는 말씀처럼 철저하게 성경을 근거로 세계관을 확립하고, 바른 신앙과 신학을 정립하여 성경적인 삶의 열매를 맺는 데에 본 신학총서가 도움이 되기를 바랍니다.

  따라서 이 신학총서는 성도들이 효과적으로 신학을 이해할 수 있는 개론적 성격을 띠고 있습니다. 성경을 쉽게 이해할 수 있도록 하는「구약개론」·「신약개론」, 초대교회 이후의 교회의 역사를 다룬「기독교 교회사」와 개혁주의 핵심 진리를 다룬「장로교 기본교리」, 예배와 교회행정, 그리고 섬김의 진정한 의미를 깨닫게 하는「예배학」·「교회행정학」·「청지기론」, 말씀을 지켜 살아야 할 현대 그리스도인들의 사명과 윤리를 다룬「기독교인의 생활윤리」등을 주요 과목으로 선정, 발행하게 되었습니다.

  신학생들과 평신도들이 본 신학총서를 숙독함으로 교회를 바르게 섬기고 나아가 한국의 복음화에 기여하는 선한 일꾼들이 되기를 간절히 기원합니다.

1998년 12월
대한예수교장로회총회
교육부장

저자서문

일명 '열린 예배'(Contemporary Worship)로 불리는 새로운 형태의 예배가 지금까지 우리가 드려오고 있던 전통 예배에 하나의 도전을 주었다. 물론 그 도전은 신학적으로 볼 때 긍정적인 면과 부정적인 면을 동시에 갖고 있다. 그렇지만 이로 말미암아 우리 가운데 나타난 부인할 수 없는 사실 하나는 그 어느 때보다도 예배에 대한 관심이 높아졌다는 것이다.

그 결과로 근래 예배에 관한 많은 책들이 신학교 교과서용으로, 또는 일반 평신도용으로 저술되었는데 대단히 반가운 일이다. 왜냐하면 예배에 대한 관심이 많다는 것은 하나님께 대한 관심이 많다는 것을 의미하며 동시에 교회 생활에 관심이 많다는 것을 의미하기 때문이다. 예배는 교회 생활에 있어서 가장 기본적인 요소이다. 예배를 바로 알아야 하나님을 바로 섬길 수 있고 교회의 사명을 바로 이해할 수 있다. 그러므로 교회의 모든 사역은 그 동기를 예배에서 제공받는다고 말할 수 있다. 만약 교회의 예배에 생명력이 없다면 그 교회는 죽은 교회나 다름없다.

금번 총회 교육부에서 발간하는 이 책은 신학적으로는 개혁주의 전통에 입각하여 쓰여졌으며, 동시에 예배의 실제적인 면을 현실감있게 보다 구체적으로 다루려고 했다. 특히 이 책은 강의식으로 쓰여졌기 때문에 교회에서 제직들이나 교사 또는 일반 평신도들을 교육시키는 데 유용한 자료로 활용될 수 있을 것이다. 교육적 효과를 극대화 시키기 위하여 매 장마다 끝마무리로 '생각해 볼 문제'를 제시한 것은 이 책이 갖는 커다란 장점이라 할 수 있다.

이 책을 통하여 개혁주의 전통의 바른 예배를 배워서 하나님을 바로 섬기고 우리의 교회를 바로 섬길 수 있는 좋은 기회가 되기를 바란다. 우리의 예배가 살면 교회가 살 것이요, 교회가 살면 복음 전도를 통한 풍성한 열매가 있을 것이다. 예배는 우리 교회의 삶과 활동의 중심 동력이다.

1998년 12월

황 성 철

차 례

1. 예배의 본질과 의미

예배를 말한다 · 13
예배의 어원적 의미 · 16
  예배의 현대적 용어·16/ 예배의 구약적 용어·17/ 예배의 신약적 용어·19

예배의 교회적인 의미 · 22
  제의(cult)·22/ 봉사·22/ 예배·23/ 예식·23/ 기도·23

예배의 성격 · 24
  신비적 성격·25/ 축제의 성격·26/
  섬김과 봉사의 성격·27/ 교육적 성격·29/ 종말론적 성격·30

2. 예배의 성경적 근거

구약 시대의 예배 · 34
  족장 시대·35/ 율법 시대·37/ 사사 시대·40/
  이스라엘왕국 시대·41/ 포로 이후 시대·43

신약 시대의 예배 · 46
  예수님 시대·47/ 사도 시대·49

3. 예배의 역사적 배경

초대 교회의 예배 · 53

중세 교회의 예배 · 56
   초기 로마 교회의 예배·56/ 동방 교회의 예배·58/ 서방 교회의 예배·60

종교 개혁 시대의 예배 · 62
   루터의 예배·64/ 칼빈과 제네바 교회의 예배·66/ 츠빙글리의 예배·70

4. 예배의 신학적 기초

예배 신학의 두 차원 · 74
예배의 신학적 규정 · 75
   예배의 대상은 성부 하나님이시다·76
   예배의 중보자는 예수 그리스도이시다·77
   예배의 원동력은 성령이시다·78
   예배는 본질적으로 공동체적인 행위이다·79
   예배는 그리스도인의 전 삶이다·80

5. 예배와 성례

성례의 중요성 · 84
성례의 어원과 신학적 의미 · · · · · · · · · · · · · · · · · · · 86
   성례란 무엇인가?·86/ 성례의 신학적 의미·87

세례의 신학 · 91
   세례 의식의 역사·91/ 세례의 본질적인 의미와 신학·96/
   유아 세례와 입교 의식·99

성만찬 · 101
   성만찬의 역사적 배경·102/ 성만찬의 신학적 의미·108/

오늘을 위한 성만찬의 순서·112

6. 예배의 계획

예배 순서를 결정 짓는 요소들 · 118
   예배의 대상에 대한 바른 이해·120
   하나님의 말씀인 성경에 대한 바른 이해·125
   예배에 대한 바른 신학적 바른 이해·126

예배 순서를 통제해야 할 실제적 원리 · · · · · · · · · · · · · · 129
예배 순서 계획을 위한 지도적 원리 · · · · · · · · · · · · · · · 131
제시된 예배 형태 · 134
   예배 구성의 원칙·134/ 제네바 교회의 예배 순서와 그 진행·135/
   바람직한 예배 순서의 모형·136

7. 예배의 인도

예배 인도자 · 140
   예배 인도자의 정신·141/ 예배 인도자의 역할·143/
   예배 인도자의 문제점·144/ 예배 인도자가 갖추어야 할 것·146/
   예배 인도자가 기억해야하는 예배 요소들·147

예배 인도의 원리 · 148
   기본음 맞추기·148/ 악보대로 연주하기·149/ 철저한 준비·150

회중의 참여 · 151
   예배 참여자로서의 회중·151/
   회중의 준비 - 주일 아침은 토요일 밤에 시작된다·152/

예배에 대한 참여자(회중)의 태도·154/ 공연으로서의 듣는 행위·157

새 회원의 영접 · **158**

8. 예배에서의 음악

음악과 예배 · **163**
좋은 예배 음악이란 · **164**
찬송가의 선택 · **165**
음악 지도자로서의 예배 인도자 · · · · · · · · · · · · · · · · · · · **166**
예배에 있어서 음악 · **168**
  오르간 전주·168/ 행렬송·168/ 예배에서의 부름·169/ 기원·170/
  죄의 고백·170/ 대 영광송·171/ 기도에 대한 화답송·171/
  성가대 찬양·171/ 독창·172/ 설교 뒤의 찬송가·172/ 퇴장 찬송·172/
  축도송·173/ 오르간 후주·173

9. 예배에서의 기도

예배는 기도이다 · **175**
주의 기도 · **176**
공중 기도의 주도적 원칙 · **178**
목적에 따른 기도의 형태 · **180**
  기도에의 초청·180/ 기원·180/ 고백의 기도 또는 참회의 기도·181/
  묵도·181/ 중보의 기도·182/ 연도·182/ 봉헌 기도·182/ 축도·182

기도 인도의 준비 · **183**
그 외에 기도에서 기억해야 할 것들 · · · · · · · · · · · · · · · **185**

10. 예배에서의 설교

성경 낭독 · 188
성경 본문 낭독의 기술 · 190
예배의 본질로서의 설교 · 191
말씀의 선포 · 193
설교와 회중 · 196

11. 예배에서의 기타 순서

전주 · 199
예배의 선언(예배에의 부름) · · · · · · · · · · · · · · · · · · · 200
개회 찬송(경배의 찬송) · 200
예배의 기원 · 200
참회의 기도 · 201
사죄의 선언 · 201
신앙고백 · 202
성시 교독 · 202
찬송 · 202
목회 기도 · 203
성가대의 찬양 · 203
말씀(설교) · 203
설교후의 기도와 찬송 · 204
헌금 · 204
교회의 소식(성도의 교제) · 205
축도 · 205

1 예배의 본질과 의미

예배를 말한다

　예배는 하나님을 사랑하는 자들의 믿음의 표현이요, 마음의 표현이다. 그것은 곧 신앙의 표현이라 할 수 있다. 역대하 7장 14절은 "내 이름으로 일컫는 내 백성이……"라고 시작한다. 그렇다. 우리는 하나님의 이름에 의해 불리는 하나님의 백성이다. 이렇게 하나님의 이름으로 일컬어지는 사람들이 곧 예배하는 사람들이다.
　예배는 그리스도인의 삶의 중심일 뿐만 아니라 기독교의 핵심이다. 성경은 예배로 가득 차 있다. 창세기에서부터 요한계시록까지 쉼없이 예배의 대상이 누구이며 어떻게 그분을 예배할 수 있는지에 관해 알려주고 있다. 그럼에도 불구하고 우리는 '예배란 무엇인가?'라는 예배의 정의에 관한 질문이 주어졌을 때 성경적인 정의는 차치하고라도 나름대로의 정의를 가지고 그에 대해 자신 있게 설명하는 사람이 많지 않다.
　어떤 문제에 대하여 근본적으로 생각하고 원초적인 질문을 던

지며 이에 답하는 것을 중요하게 여기지 않는 시대의 흐름에 편승하여 우리 역시 우리의 삶의 방향과 행위에 관하여 묻지 않기 때문이다. 우리는 사람들이 '인생이란 무엇이며, 내 존재의 이유는 무엇인가?'라는 근본적인 질문에 접했을 때 추상적인 몇몇 단어로 얼버무리듯이 예배를 이야기하고 알 뿐, 예배에 관하여 깊이 생각하거나 구체적인 지식을 가지려고 하지 않는다. 그래서인지 나름대로 정확한 이해를 가지고 예배를 표현하는 사람들을 만나기가 쉽지 않다.

  우리에게 잘 알려진 목사님 가운데 한 분이 성탄절 즈음에 헨델의 메시야 공연에 참석하고 나서 이렇게 말씀하신 적이 있다. "아름다운 음악은 있지만 영적 감동은 없었다(There is music, but no spirit in it.). 솔로, 듀엣, 중창과, 합창, 오케스트라와 지휘자, 웅장한 음악과 청중, 감동적인 무대, 무엇 하나 부족한 게 없었다. 그러나 헨델의 메시야가 줄 수 있는 깊은 영적 감동은 어디에도 느껴지지 않았다. 단지 때가 되었기 때문에 메시야를 부를 뿐이었다."

  오늘날 예배 시설 면에서 우리는 모든 것을 갖추고 있다. 예배당도, 그랜드 피아노도, 훌륭한 마이크 시설도, 에어컨과 파이프 오르간도 있다. 심지어 예배에서 가장 중요한 요소 중 하나인 예배드리는 사람들까지 아주 많이 있다. 외형적으로는 '없는 것이 없는 시대'에서 모든 것을 갖추고 예배를 드린다. 하지만 영적인 감동이 없고 하나님을 만나지 못한다면 예배는 아무런 의미가 없다. 예배를 드리면서도 무언가 허전하고 아쉬움을 느끼는 것은 무엇 때문일까? 그것은 정말 있어야 할 무엇을 놓치고 있기 때문은 아닌가?

  문제는 여기에 있다. 사람들이 예배를 추상적으로 이해하기 때문에 실제로 드리는 예배 역시 추상적일 수밖에 없다는 것이다. 예배를 추상적으로 드린다는 것은 하나님에 대한 이해가 추상적이라는 의미이다. 하나님을 추상적으로 아는 사람들의 예배와 삶은 추상적일 수밖에 없다.

사람은 아는 만큼 행동한다. 추상적으로 알면 추상적으로 행동하고, 구체적으로 알면 구체적으로 행동한다. 그러므로 예배에 관해 알면 알수록 하나님께 참다운 예배를 드릴 수 있는 것이다.

창세기 4장에 나타나는 가인과 아벨의 예배를 우리는 안다. 두 사람은 동시에 예배를 드렸다. 그런데 한 사람의 예배는 하나님께서 받으셨으나 다른 한 사람의 예배는 받지 않으셨다. 아론의 아들로 제사장이었던 나답과 아비후는 하나님께서 명하시지 않은 '다른 불'로 하나님께 예배드리다가 그 자리에서 죽임을 당했다(레 10:1). 웃사는 손으로 만져서는 안 되는 법궤를 만져서 죽었다. 사울 왕은 사무엘을 기다리는 일에 지쳐 자신이 번제를 드림으로써 하나님께 버림을 받는다.

성경 속의 인물들만 그런 것은 아니다. 오늘날 한국 교회의 교인들은 하나님께 영광을 돌리는 것이 예배라고 말하면서도 한 편의 감동적인 설교를 듣는 데 더 많은 관심을 기울이고 있으며, 예배를 통하여 복과 은혜를 받는다고 생각하고 있다.

그러나 기독교 예배의 진수는 하나님께 복을 받는 데 있지 않고 하나님께 자신을 바치는 데 있다. 예배는 사람이 아닌 하나님 편에 초점을 맞추는 것으로 자신의 모든 것, 지성과 감성과 의지, 태도, 소유를 하나님께 바치는 것이다. '그분의 탁월하심에 합당한 존귀와 찬송을 그분께 돌려드리는 것'이다.

그러므로 예배의 형식을 갖추었다고 해서 다 예배가 아니라는 것이다. 예배는 예배가 무엇인지 아는 사람들이 드릴 수 있다.

'예배가 무엇이며 예배는 어떻게 드리는 것인가'를 알 때에만 하나님께서 원하시는 바른 예배, 영과 진리로 드리는 예배를 드릴 수 있는 것이다.

예배의 어원적 의미

예배의 현대적 용어

예배에 대한 가장 기본적인 이해는 언어에서부터 시작된다. 예배라는 말(단어)을 한자어로 이해하면 '예를 다하여 절한다'는 의미이다. 이 단어는 기독교의 예식을 지칭할 때에 주로 사용되는 것으로 새우리말 큰사전은 "신을 신앙하고 숭배하면서 그 대상을 경배하는 행위 밑 그 양식"이라고 정의하고 있다.

예배를 지칭하는 영어의 'worship'은 행글로색슨 어인 'weorthscipe', 즉 'worth(가치)와 ship(신분)'에서 유래했는데 '존경과 존귀를 받을 가치가 있는 신분(자)'이라는 뜻을 가지고 있다. 결국 이 단어가 의미하는 예배는 '하나님께 대한 최대한의 존경으로 최상의 가치를 돌리는 것(to ascribe Him supreme worth)'이다. 예배를 통해 하나님께 최고의 가치를 부여하는 것이다. 이러한 표현은 성경의 여러 곳에서 나타난다.

"여호와의 이름에 합당한 영광을 그에게 돌릴지어다"(시 96:8).

"여호와 우리 하나님을 높이고 그 성산에서 예배할지어다"(시 99:9).

"죽임을 당하신 어린 양은 능력과 부와 지혜와 힘과 존귀와 영광과 찬송을 받으시기에 합당하도다"(계 5:12)

그런데 오늘날 영어나 독일어를 사용하는 서구 국가들 사이에서 공통적으로 인식하는 예배의 개념을 살펴보면 예배를 섬김과 봉사의 의미로 이해하여 '봉사적 개념'을 더욱 중요하게 여기고 있다. 예를 들어 영어에서는 God's service 또는 Worship service란 표현을 예배 용어로 사용하기도 한다.

예배의 구약적 용어

'예배'로 번역되는 구약 성경의 중요한 단어는 봉사와 섬김을 나타내는 '아바드(abhadh)'와 굴복하는 것 또는 엎드리는 것을 뜻하는 '샤하아(shachah)'가 있다.

아바드

봉사 또는 섬김의 의미를 지니는 '아바드(abhadh)'는 성전에서 드리는 공식적 예배에 사용된 단어로 본래 노예나 고용된 종들의 노동을 의미했다(창 14:4, 15:13;레 25:40). 이 단어가 여호와를 섬기는 데 사용되면서부터(출 3:12) 제물을 드리는 일이나 레위인이 회막에서 봉사하는 것을 의미하는 말로 사용되었다. 이사야 19장 21절에는 "여호와께서 자기를 애굽에 알게 하시리니 그 날에 애굽이 여호와를 알고 제물과 예물을 그에게 드리고 경배할 것이요 여호와께 서원하고 그대로 행하리라"는 말씀이 나오고, 예레미야 44장 3절에도 "이는 그들이 자기나 너희나 너희 조상들이 알지 못하는 다른 신들에게 나아가 분향하여 섬겨서 나의 노여움을 일으킨 악행으로 말미암음이라"는 말씀이 있다. 이사야의 '경배'와 예레미야의 '섬긴다'는 말은 그 동사를 명사로 한 '에베드'가 '종'을 가리키는 것으로 미루어 보건대, 모든 인간은 하나님 앞에서 자기 자주성을 버리고 하나님의 뜻을 따르는 존재임을 나타낸다. 그 밖에도 이 말은 이스라엘 자손이 이웃 여러 나라에 대하여 특별한 임무를 가진 여호와의 종, 즉 여호와의 증인으로 행동하게 되는 봉사에 대해서도 사용되었다.

샤하아

아바드와 함께 예배의 의미로 사용되는 '샤하아(shachah)'는 엎드린다, 굴복한다는 의미로서 예배자들이 숭배 대상에게 최대한으로 존경하는 태도를 보이는 것을 의미한다.

역대하 29장 30절에는 "히스기야 왕이 귀인들과 더불어 레위 사람을 명령하여 다윗과 선견자 아삽의 시로 여호와를 찬송하게 하매 그들이 즐거움으로 찬송하고 몸을 굽혀 예배하니라"는 말씀이 나오고, 욥기 1장 20절에도 "욥이 일어나 겉옷을 찢고 머리털을 밀고 땅에 엎드려 예배하며"라는 말씀이 나온다. '엎드린다'는 것은 인간은 하나님 앞에 완전히 복종해야 하는 존재임을 의미하는 것으로, 사람들로 하여금 하나님의 거룩하심과 자신의 죄인 됨을 깊이 깨달아 알게 하는 것이다. 이스라엘 사람들은 이것이 거룩한 하나님 앞에 나아가는 합당한 자세라고 생각하여 강조한다.

"오라 우리가 굽혀 경배하며 우리를 지으신 여호와 앞에 무릎을 꿇자 그는 우리의 하나님이시요 우리는 그가 기르시는 백성이며 그의 손이 돌보시는 양이기 때문이라"(시 95:6-7). 이 말씀에서 '굽혀 경배하며'라는 말의 어원이 샤하아로 종교적 숭배와 순종을 겸하여 마음과 몸으로 존경을 표하는 태도를 뜻한다.

위에서 열거한 용어에서 찾아볼 수 있는 것처럼 구약의 예배는 하나님 앞에서 무한의 겸손으로 자기를 낮추고 그분의 뜻을 좇아 봉사하는 행위를 말하는 것으로, 그 외적 표현은 '육체적인 겸손의 자세'와 '물질적인 희생으로서의 봉사 행위'로 예배자의 진실한 마음과 생활의 표현이어야 한다.

예배의 신약적 용어
프로스쿠네오

70인역(Septuagint) 성경에서는 히브리어 샤하아를 헬라어 '프로스쿠네오(προσκυνεω)'로 번역한다. 프로스쿠네오는 신약 성경에서 예배를 가리키는 데 가장 많이 사용된 헬라어로서 문자적인 뜻은 '누구의 손에 입맞추는 것' 혹은 '존경의 표시로 다른 이 앞에 엎드리는 것'이다.

이 용어는 헬라어를 사용하는 사람들에게 보편적으로 통용되었던 것으로서 흔히 지상의 통치자들에게 존경을 표하여 허리를 굽히는 행위를 말한다(마 18:26). 이 단어를 예배에 사용할 때의 주도적 의미는 하나님과 예수 그리스도를 신뢰하는 마음으로 무릎을 꿇어 경배하는 것을 뜻한다(마 28:9,17;고전 14:25;요 4:24 등).

예수님께서 수가성 여인에게 "하나님은 영이시니 예배하는 자가 영과 진리로 예배할지니라"고 말씀하실 때 이 낱말을 사용하셨다(요 4:24).

레이투르기아

믿음과 순종으로 하나님께 바치는 봉사로서의 예배를 잘 표현하고 있는 헬라어 '레이투르기아(λειτουργια)'는 레이토스(λητοσ)와 에르곤(εργον)의 합성어로서 '백성을 위하여 일한다'라는 뜻이며, 소국가였던 아테네를 위하여 수행되었던 일반적인 임무에 사용되던 단어이다. 즉 이것은 '고대 헬라의 정치적 공동체를 위한 봉사' 또는 '공공 목적을 위해 부자가 무보수로 하는 봉사'를 표현하던 말이다. 이 용어는 '섬김' 혹은 '봉사'로 번역되었고, 여기에서 예전(liturgy)이라는 말이 나왔으며, '공적인 일 혹은 행위'라는 뜻도 가지고 있다.

신약 성경에서 이 낱말은 옛 언약 아래서의 레위인과 제사장의 직무(눅 1:23 ; 히 9:21 참조), 그리스도의 직분(히 8:6)과 교회의 예배(행 13:2)를 표시하는 구체적인 언어로 사용되었다. 교회를 위한 공적인 봉사를 예배로 이해하고 있는 것이다.

바울은 이 용어를 이방인의 교회가 예루살렘을 위하여 헌금하는 것(롬 15:27)을 포함한 교회를 위한 모든 연보(고후 9:12)와 기독교인의 생사와 죽음(빌 2:17), 바나바와 사울을 선교사로 파송하는 장면(행 13:2)에 사용하여 예배의 범위를 교회를 위한 공적 봉사의 의미로 확대하고 있다.

이 용어는 명사이든 동사이든 간에 단 한 번도 사도, 선지자, 교사, 장로, 감독과 같은 교직자가 드리는 제사적인 봉사로는 사용된 적이 없다. 이것은 신약에서의 예배는 개인적으로 나아가는 구약의 제사적인 희생의 예배와는 달리 어떤 특정인만 참여하는 것이 아니라 회중 전체가 참여하여 믿음과 순종으로 하나님께 바치는 봉사를 뜻하기 때문이다. 예배는 전체 회중의 일이요, 행위라는 것이다.

라트레이아

'라트레이아(λατρεια)'란 구약 성경의 아바드를 70인역에서 번역한 것으로 '섬긴다'는 의미이다. 이 단어는 '종으로서 자신의 상전을 섬겨야 할 신분을 확인시키는 일'에 사용된 말로서, '지위가 높은 자에 대한 봉사'(요 16:2 ; 롬 9:4, 12:1 ; 히 9:1)를 뜻한다. 이 용어가 종교적 의미를 지녀 피조물인 인간이 창조주이신 하나님을 섬긴다는 뜻으로 사용되었다.

성경에서 이 단어는 기도와 간구와 대망 속에서 하나님 한 분만을 섬기는 것으로 표현되었고(눅 2:37 ; 계 7:15), 자기 몸을 하나님께서 기뻐하시는 산 제사로 드리는 영적 예배를 가르치는 것으로 사용(롬 12:1-2)되었다. 나아가 빌립보서 3장 3절과 로마서 1장 9절에서는 기독교인의 전존재와 전도 활동도 예배로 보았다.

이와 같이 라트레이아라는 단어를 통해 제사적인 예배와 전문적인 종교적 행위로서의 예배, 기독교인의 전생활이 성령의 도우심으로 참 예배가 된다는 것을 깨닫게 된다. 예배의 생활, 그것이 곧 하나님을 섬기는 참 예배인 것이다.

이상의 용어에서 신약 성경의 예배는 최대한의 존경으로 하나님께 드리는 경배, 교회를 위한 공적인 봉사, 예수 그리스도에 대한 신앙 고백, 믿음의 순종으로서 말씀 선포, 하나님께 대한 감사와 찬양 그리고 하나님의 말씀을 순종하고 섬기는 삶 자체 등의 개념이 나타나 있음을 알 수 있다.

레이번(Robert Rayburn)은 신약에 나타난 이러한 예배 용어들에 대해서 "기독교 예배는 진실한 신앙인이 하나님의 영광스러운 존엄성을 깨달아 살아 계신 하나님 앞에 허리를 굽히는 것이며, 순종하는 종과 같이 근본적으로 하나님께 순종함으로써 자신을 하나님께 바치는 것이다"라고 말한다.

결국 예배란 사람이 존경과 경외감을 갖고 최상의 존재 앞에 엎드려 절하는 것이다. 우리는 이것을 기독교적 맥락에서 하나님에게 적용한다. 우리는 하나님 앞에 절하며, 최상의 성품에 합당한 영광을 그분께 드리며, 존경과 경의를 표하면서 그 앞에 엎드리는 것이다. 그러므로 본질적으로 예배는 드리는 것이다. 하나님께 경의와 존경을 드리는 것이다. 그것이 그리스도인들이 주일에 함께 모이는 이유이다.

그러므로 존 맥아더가 그의 책 「참된 예배」에서 지적한 것처럼, 주님을 예배하기 위해 함께 모였을 때 우리는 그분께 무엇을 드릴까 하는 것에 초점을 맞추어야 한다. 예배는 하나님께 드리고자 하는 간절한 소원이다. 그것은 우리 자신, 우리의 마음의 태도 및 우리의 소유물을 드리는 것을 포함하는 것이다.

예배의 교회적인 의미

제의(Cult)

종교적 의식을 뜻하는 라틴어에서 유래한 단어이다. 어떤 것을 존중하다는 의미로서 이교적인 배경에서 온 주술적인 요소가 내포되어 있다. 가톨릭에서 외형적인 예배 의식을 가리키는데 사용하게 되면서 현재까지도 종교의 형식적, 의식적인 면에서 많이 사용하고 있다.

봉사(Service)

미국에서는 주일 예배를 '선데이 서비스(Sunday Service)'라 부르고 독일에서는 '고테스디멘스트(Gottesdiemenst)'라고 한다. 예배의 주관자이시며 절대자이신 하나님을 섬긴다는 뜻에서 나온 말이다.

예배(Worship)

'존경과 존귀를 받을 가치가 있는 신분(자)'이라는 뜻이 있지만 하나님을 예배한다는 뜻, 곧 하나님께 영광, 찬미, 감사를 돌린다는 뜻이다.

예식(Liturgy)

레이투르기아에서 유래한 단어로서 주로 의식주의적 예배를 가리킨다. 원래 리터지(liturgy)라는 말은 희랍 정교회에 드리는 예배의 일부인 성찬식 의식문을 의미했다. 그러나 이 예전이 실질적으로 공적 예배의 중요 부분을 차지하므로 예배 전반에 대해서 리터지라 부르게 되었고 가톨릭 교회에서 이 용법을 따르게 되었다. 개신교에서는 이 용어가 의식주의적인 내용을 가지고 있기 때문에 공적 예배를 지칭할 때에는 사용하지 않았다. 그러나 17세기에 이르러 이 용어에서 의식적 색채가 없어졌다는 것을 이해한 후에는 개신교 일부에서도 예배를 리터지라고 부르게 되었다.

기도

예배는 공중의 기도 생활이다. 근본적으로 예배는 개개인의 기도에서부터 시작되는 것이며, 공적인 교회의 예배는 바로 공동체의 기도의 장이다. 작게는 예배의 한 요소인 기도는 인간이 하나님께 말하는 표현 양식이다. 그리고 그 기도 가운데는 감사와 찬양, 회개와 도고와 간구 등 적어도 다섯 가지의 요소가 포함된다. 음악적으로 표현되는 교회의 노래나 찬송, 악기 등은 신학적으로는 기도의 관점에서 이해되어야 하는 기도의 또 다른 표현 방식이다. 결국 "찬송을 부르면 두 번 기도하는 것이다"라고 말한 어거스틴의 말은 기도라는 예배의 한 요소를 가지고 예배 전체를 표현한다는 방식에서 온 것이다. 이와 같이 기도를 기원의 요소만이 아닌 감사와 찬미를 포함한 광의적 의미로 생각한다면, 기도가 예배 전체를 표현하는 것은 타당하다.

예배의 성격

기독교의 예배는 다만 경험될 수 있을 뿐이다. 아무리 많은 이론으로 설득한다 해도 경험된 예배를 대치할 수는 없다. 수없이 설명과 강의를 들어도 예배를 경험하는 것을 대치할 수 없다. 다른 모든 종류의 경험과 같이 기독교의 예배도 분석과 이해가 필요하다. 살아 있는 경험은 분석될 수 있다. 그러나 결코 법규와 신조와 예배 의식에 완전히 포함시킬 수는 없다.

하지만 경험만으로는 부족하다. 예배에 대한 본질적인 이해가 없다면 예배를 무질서하고 위험하게 만들 위험성이 있으며, 단지 불교와 유교의 형태를 바꾼 탈선적인 예배 행위의 연출로 끝나버리는 결과를 가져올 수 있기 때문이다. 그렇기 때문에 예배 인도자나 참여자들의 마음속에는 기독교 예배의 본질적인 성격에 대한 이해가 반드시 자리잡고 있어야 한다.

예배를 드리려는 욕구는 모든 사람에게 있지만 예배의 의미와 성격에 관해서는 때때로 혼란이 있다. 그러므로 예배를 정의하려는 노력이 어떤 면에서는 타당하지 못한 것 같으나 또 다른 면에서 예배는 어떤 형태로든 설명할 필요가 있다.

신비적 성격

예배는 놀람에 대한 반응이다. 하나님의 계시를 발견한 사람은 놀라게 되고 놀람은 예배로 표현된다. 출애굽기 15장에 모세의 누이 미리암은 온 이스라엘 백성과 함께 홍해를 건너는 사건 속에서 발견한 하나님을 찬양하고 있다. 그들은 상상하지 못했던 경험을 한 후에 그 신비와 하나님의 인도 앞에 나아와 하나님을 예배하며 찬양하고 있다.

신약 성경을 통하여 만나게 되는 예수님의 열두 제자는 3년간 예수님과 동고동락했다. 하지만 그들이 경험했던 것은 언제나 이해할 수 없는 신비였고 놀람이었다. 깊은 데 그물을 던지라는 예수님의 말씀을 순종한 그 결과로 인하여 그들은 놀랐다. 그뿐 아니다. 예수님께서 귀신을 쫓아내시는 것을 보고, 풍랑을 잠잠케 하시는 것을 보고, 사람들을 떠나 혼자만의 자리를 찾아가시는 것을 보고, 메시아라 말하면서 십자가에서 죽는 모습을 바라보며…… 그들은 계속하여 놀라고 있다. 그리고 그 놀람의 결과는 그분 앞에 엎드려 경배하는 것이었다. "이가 누구이기에 이런 일을 행하는가?"라는 질문과 함께 말이다.

이와 같이 예배는 계시적 성격과 신비적 성격을 모두 가지고 있다. 이 두 가지 요소가 우리를 예배로 인도한다. 계시를 보지 못한 사람은 하나님의 신비를 경험할 수 없다. 사람은 계시 안에서 하나님의 임재를 경험하고 신비의 면전에서 하나님을 두려워한다. 사람은 자신의 생활에서 하나님을 의식할 수 있으나 하나님의 궁극적인 뜻은 결코 충분히 이해할 수 없다. 우리는 예배에서 신비(하나님의 초월성)와 의미(하나님의 내재성)를 모두 경험한다.

예수 그리스도 자신의 계시가 기적이고 교회에서의 성령님의 계속적인 활동이 기적인 것과 같이 하나님과 사람과의 교제도 언제나 기적이다. 사무엘 밀러(Samuel Miller)가 진술한 것처럼 예배의 기적은 "세상의 환경을 통하여 보이시는 하나님의 모습이다.; 어두움을 통하여 비치는 하나님의 영광이다.; 다른 모든 능력이 실패할 때 느끼게 되는 하나님의 능력이다.; 이것은 시간 속에 영원히 나타나는 것이다."

그러므로 예배를 인도하는 목회자가 신비감과 경외심과 경이감을 가지고 예배에 임하도록 회중들을 인도할 때 교회의 예배는 더욱 진실하게 될 것이다.

축제의 성격

기독교 예배는 본질적으로 역사 안에서 행하신 하나님의 활동, 즉 창조, 섭리, 구속의 언약, 예수 그리스도의 고난과 십자가와 부활을 통한 하나님의 구속적 계시, 그리고 성령님의 강림을 통한 하나님의 능력의 나타나심을 찬양하고 축하하는 축제이다.

예배의 축제적 성격은 구약의 예배에서 근원을 찾을 수 있다. 구약 시대의 장막(성막 또는 회막) 예배는 이스라엘의 3대 명절인 유월절과 오순절 및 초막절에 집중되어 있는데 유월절은 해방의 축제일이고(출 3:18 ; 신 16:1-8 ; 눅 22:11), 오순절은 하나님의 돌보심에 대한 감사 축제일이며(출 23:16 ; 신 16:10-11 ; 행 20:16), 초막절은 이스라엘 백성이 광야를 방황할 때 경험한 하나님의 인도하심의 기념 축제였다(출 23:16 ; 신 16:13-15).

본질적으로 기쁨과 감사의 축제 예배였던 것이다. 이 축제는 하나님의 승리에 대한 기쁨의 축제라고도 할 수 있다.

신약의 예배도 본질적으로 축제의 성격을 띠고 있다. 신약의 예배가 축제의 성격을 가지게 된 것은 부활의 승리에 근거를 두고 있기 때문이다. 이 승리는 예수 그리스도를 통해 이루신 전능하신 하나님의 승리이다. 그러므로 승리의 축제를 하나님께 드리는 것이 예배에서 빠져서는 안 된다. 이런 뜻에서 오스카 쿨만은 "주의 날은 그리스도의 부활 사건을 축하하는 날이었으며, 그리스도의 부활 사건은 예배를 위하여 초대 교인들이 함께 모여 축제하는 잔치였다"고 하였다.

폰 옥덴 폭트(Von Og den Voget)는 예배를 하나님의 선하심을 찬양하고 경축하기 위하여 일을 중지하는 것으로 보았다. 예배는 복음을 기뻐하는 축제이다. 즉 예배란 우리가 하나님께 무엇을 드려서 하나님과의 관계를 새롭게 하고 하나님으로부터 어떤 보상을 받는 것이 아니라, 하나님께서 그리스도를 통하여 이미 베푸신 은혜를 상기하고 신뢰를 회복하며 말씀을 들음으로써 감사와 찬양과 영광을 그에게 나타내는 것이며, 이것을 묘사하는 행위로서의 축제를 의미하는 것이다. 그러므로 하나님의 백성들은 오늘도 하나님께서 사람을 위하여 하신 일을 감사하면서 예배를 드린다.

섬김과 봉사의 성격

교회에서 행하는 예배는 하나님께서 성령을 통하여 임재하셔서 그의 백성과 교제하고 그의 백성은 예배에 임재하시는 하나님께 봉사한다는 영적 진리를 나타낸다. 그러므로 신약의 예배는 인간 영혼의 깊은 곳에서 사랑, 충성, 복종, 헌신으로 응답하는 것이며 전인격이 하나님과 만나서 변화를 받고 갱신되어 그의 계시에 날마다 새롭게 응답하는 행위이다.

예배는 헌신의 행위와 의식 그리고 예식에 국한되지 않는다. 그리스도인들에게 예배는 생활 전체를 의미한다. 가장 넓은 관점에서 예배는 사람이 하는 모든 것과 관계가 있다. 사람은 그의 생활 전체를 하나님께 바치기 위하여 언제나 하나님 앞에 서 있다. 사람은 하나님의 창조의 일부분으로서 자신을 보고 자신을 드린다. 창조주에게 헌납하기 위하여 자신이 가진 모든 것을 바친다. 생활의 모든 영역이 다 하나님의 나라에 속한다. 이런 의미에서 예배는 생활의 모든 경험에서 하나님의 임재를 실현하는 것이다.

시간 속의 물질 세계와 인간 세계 그리고 영원의 세계를 포함하는 우주 전체가 그리스도를 위하여 있다고 바울을 주장했다(고전 3:21-23). 하나님께서는 모든 생활의 주인이시므로 생활 속의 모든 영역에서 예배를 받으셔야 한다. 정규적으로 드리는 예배도 생활의 모든 면과 관계가 있다. 더욱이 생활 전체가 하나님께 바쳐졌다면, 특수한 헌신의 행위는 더욱 의미가 깊다.

예배는 주일만이 아니라 매일 드리는 것이다. 월요일부터 토요일까지는 자기가 원하는 방식대로 살다가 주일에 교회에 가서 예배를 드릴 수 있다고 생각한다면 정말 잘못된 것이다. 예배는 진공 가운데서 일어나지 않는다. 인위적인 장치에 의해 고무되지도 않는다.

교회 건물에 있어야만 예배가 가능하다면, 예배를 드리기 전에 분위기를 조성하는 어떤 종류의 음악이 필요하다면, 그것은 예배가 아니다. 출퇴근 시간 동안 도로 위에서도 하나님께 예배할 수 있어야 한다. 그러나 그렇게 되기 위해서는 바른 마음이 필요하다. 성도는 회중 가운데서 함께 하나님을 예배하는 것이 삶의 연장이 아니라면 참된 예배가 드려지지 않을 것이다.

바울은 로마서 12장 1-2절에 "너희 몸을 하나님이 기뻐하시는 거룩한 산 제물로 드리라"고 했다. 이것은 곧 성도의 삶 전체가 섬김과 봉사의 예배가 되어야 한다는 것으로 이해할 수 있다. 따라서 진정한 예배는 날마다 하나님께 자신의 몸과 마음으로 행하는 모든 것을 드리는 것이라고 할 수 있다. 진정한 예배는 하나님께 정교한 기도를 드리는 것과 장엄한 의식을 드리는 것이 아니다. 예배는 하나님께 매일의 삶을 드리는 것이다.

교육적 성격

예배는 비의도적 교육 프로그램이다. 예배의 목적은 교육이 아니다. 오로지 하나님 한 분만을 찬양하고 영광 돌리는 것을 목적으로 한다. 그럼에도 불구하고 예배는 언제나 교육적 성격을 가진다. 종교개혁자 루터는 예배의 교육적인 의도와 본질을 인식하고 이미 그의 글 「독일 미사(Deutsche Messe 1562)」에서 "예배를 통해 우리는 사람들이 그리스도인이 되도록 도울 수 있어야 하는데, 먼저 하나님에 대한 자의식을 일깨우고, 신앙을 강화시켜 주며, 믿음을 돕는 역할로 표현되어야 할 것"이라고 강조하고 있다.

역사적으로 이러한 예배의 교육적 이해는 19-20세기 초엽의 독일 신학자 니버갈(F. Niebergal)에 의해 발전되었는데 그것은 소위 신앙의 교화(敎化)에 대한 것이다. 교화란 가르침을 통하여 감동을 받게 하고 그리스도인으로서의 신앙적인 자의식에 사로잡히게 하는 것을 뜻한다.

비의도적인 학습으로서의 예배는 먼저 하나님은 누구신가에 대한 물음에 대답을 준다. 루터의 지적처럼 인간은 모든 만물 위에 계신 무엇을 경배하고 사랑해야 하는지, 의지하는 마음을 어디에 두어야 하는지, 어떤 표준과 가치를 삶의 행동에 적용해야 하는지, 삶의 희망을 어디에 두어야 하는지 등 인간 존재의 근거와 삶의 의의에 따른 물음들에 대한 대답을 예배 가운데 해석되는 하나님의 말씀인 성경 안에서 해결한다.

아무리 아니라고 고집하더라도 우리는 지금도 예배 가운데서 교회를 위한 신앙적 삶의 원리를 강화시키고 있다. 예배의 가장 중요한 한 요소인 설교는 하나님의 말씀을 가르치는 것으로서, 항상 윤리적 관점에서 사람의 지표로 선포되는 것이며, 개개인의 신앙 강화에 교육적인 영향을 끼치고 있다.

종말론적 성격

하나님의 백성은 한 개인 또는 한 나라를 넘어 온 인류 역사의 끝을 보며 사는 사람들이다. 예배는 우리로 하여금 하나님의 약속을 통해 이 세상 너머를 바라보게 하며 종말론적 소망을 지니게 한다. 델링(Delling)은 이에 대하여 "이것은 바로 그 본질에 있어서 역사 안에서 구원을 끊임없이 수행하는 결정적인 일이다. 이 일은 하나님을 영원히 경배하는 데서 끝맺는다"고 말했다. 교회는 예배를 계속하는 일을 맡았다.

특별히 성찬은 그리스도의 오심과 시대의 종말과 새 하늘과 새 땅을 가리키는 한 표징이다. 바울은 이렇게 말했다.

"너희가 이 떡을 먹으며 이 잔을 마실 때마다 주의 죽으심을 그가 오실 때까지 전하는 것이니라"(고전 11:26).

이런 이유 때문에 진정한 예배는 항상 예배하는 자의 실존적 필요를 충족시켜 주게 마련이다. 진정한 예배는 타락하고 부패한 세상에서 살아가는 그리스도인들에게 믿음과 용기를 가지고 살아갈 수 있는 힘을 항상 공급해 준다. 교회는 예배의 경축에서 하나님의 구속의 종말론적 성취를 보고, 종말론적 교회로서의 자신을 알아차리고, 종말론적 완성의 소망을 갖는다.

【 생각해 볼 문제 】

1. '예배란 무엇인가?'라는 예배의 정의를 질문할 때 가장 먼저 예배라는 언어를 통해 의미를 탐구하게 된다. 현대 언어를 통해 보는 '예배'라는 말의 의미는 무엇인가?

2. 예배라는 말로 표현되는 단어가 성경에는 여러 개 있다. 구약과 신약에서 예배를 지칭하는 단어들에는 어떤 것들이 있는가?

3. 신약의 '레이투르기아'라는 단어를 통해서 구약의 예배와 신약의 예배가 가지는 차이점이 한 가지 발견된다. 그 차이점을 설명해 보라.

4. 예배는 동시에 여러 가지 성격을 지닌다. 예배의 다섯 가지 성격을 서술하고 설명해 보라.

그러므로 형제들아
내가 하나님의 모든 자비하심으로 너희를 권하노니
너희 몸을 하나님이 기뻐하시는 거룩한 산 제물로 드리라
이는 너희가 드릴 영적 예배니라
(롬 12:1)

2 예배의 성경적 근거

 '기독교는 예배하는 종교이다'라는 전제만큼이나 중요한 전제가 '기독교의 예배는 역사적인 것이다'는 전제이다. 역사적이라는 것은 예배의 시작이 역사 속에 있으며, 예배가 기독교 역사의 오랜 과정 속에서 성장 발전되어 오늘에 이르고 있음을 뜻한다. 그러므로 예배학의 기본적인 연구는 역사적 이해를 전제해야 하며, 예배의 역사를 살피는 것은 기독교의 역사를 살피는 것만큼 중요한 의미를 가진다.

 기독교 예배의 역사는 교회의 역사적 과정과 함께 하기 때문에 교회사의 맥락을 따라서 전개될 수 밖에 없다. 그러나 맹목적인 교회사의 추종 보다는 먼저 성경에 기초한 기독교 예배의 역사를 찾아야 한다. 그리고 기독교는 히브리 문화에 뿌리를 두고 있으므로 기독교 신앙을 형성한 가장 강력한 영향력이 히브리적 요소임은 두말할 나위가 없다.

 기독교 예배의 근원은 성경이다. 성경은 하나님께서 한 특별한 백성에게 자신을 계시하여 자기를 섬기도록 그들을 선택했다고 했다. 선택은 그들로 하여금 주변의 국가들과 다른 삶을 살게 했고, 예배에 가장 큰 영향을 미쳤다. 성경에 나타난 이스라엘 민족의 공적 예배 생활은 역사적으로 출애굽에서부터 시작되었다. 이것이 이스라엘 왕국 시대로 이어지면서 일정한 장소에 국한된 예루살렘 성전의 예배가 되었고, 민족의 수난과 함께 회당 예배로 새로운 변화를 거치게 되었다.

이와 같이 성경에 나타난 기독교의 예배는 이스라엘의 역사적 과정과 함께 흐르면서 하나님의 계시의 점진적인 발전을 따라 예수 그리스도 안에서 새로운 예배로 나타난다.

구약 시대의 예배

기독교 예배의 원리는 먼저 구약 성경에서 찾을 수 있다. 비록 엄격한 한계선은 찾을 수 없어도 이스라엘 민족의 생활에서 예배는 발전적인 한 과정이었음을 구약성경에서 뚜렷이 볼 수 있다.

먼저 일정한 제사가 발전했다. 또한 예배의 실천은 이스라엘의 역사를 통하여 변화했다. 예배 처소의 경우 처음에는 다듬지 않은 큰 돌을 그냥 세워놓던 것이 광야에서는 이동식 성전인 성막으로 발전하고, 솔로몬 때는 항구적인 성전으로 발전한다. 예물을 드리는 방식도 더욱 상세하고 엄격하게 규정된다. 족장들은 자신이 직접 제사를 드렸으나, 나중에는 제사가 제사장의 고유 권한으로 확립되어 왕이라도 친히 예물을 드리지 못했다.

고대 세계에서 이교도들이 드린 예배와 구약 성경에서 하나님의 백성들이 드린 예배와의 차이점은, 하나님께서 한 특별한 백성에게 자신을 계시하신 사실과 하나님께서 자기를 섬기도록 하기 위하여 그들을 선택하신 사실에 있다. 바욱스(Roland de Vaux)에 의하면 이스라엘의 예배는 다음과 같이 동양의 제사와 구별되었다
- 이스라엘의 하나님은 한 분 하나님이셨다.
- 그는 역사 안에 개입하는 인격적인 하나님이셨다.
- 이스라엘은 그 예배에서 아무런 형상을 가지지 않았다.

하나님의 선택과 자기 백성들을 향한 하나님의 계시는 고대 이스라엘 백성으로 하여금 주변의 국가들과 다른 삶을 살게 했고 이것은 삶뿐만 아니라 예배에도 큰 차이를 가져왔다. 이교도들의 예배는 아래로부터 시작된 것인 반면에 기독교의 예배는 하늘로부터 내려온 것이다. 즉 이교도들은 자신이 섬기는 신들의 총애를 받기 위해 무엇인가를 해보자는 뜻에서 그들 스스로 신을 숭배하는 행위를 시작했으나, 하나님께서 백성들의 예배는 이미 하나님이 그들을 위하여 준비해 놓으신 것에 대한 응답이었다.

족장 시대

족장 시대의 예배는 주로 개인과 가족 중심의 예배였다. 하나님께서는 이스라엘의 족장이나 그의 가족과 계약을 맺으셨고 족장들은 하나님의 약속에 대한 믿음과 순종으로 단을 쌓았다. 이스라엘 백성들은 이 족장들을 중심으로 세겜(창 12:7, 33:20), 벧엘(창 12:8, 35:7), 헤브론(창 13:18), 브엘세바(창 26:25) 등과 같이 하나님을 향한 제단의 필요성을 느낄 때마다 제단을 쌓았고 '희생 제물'이 그 제단의 중심이 되었다.

아브라함은 하나님을 향한 제단을 마음속에 간직하고 다니면서 가는 곳마다 장막을 세우고 제단을 쌓았다(창 12:7-9, 13:3-4;

18, 22:9). 이에 대해 칼빈은 "아브라함이 방문하는 곳에서 하나님을 경배한 것은 자신을 단련시키려 그 지방 사람들과 어울려 우상을 예배하는 의식을 갖지 않으려는 것이며, 자기의 가족에게 엄숙한 경건을 유지시키려는 것"이었다고 주석한다.

아브라함에 이어 이삭과 야곱 등으로 이어지는 이 시대에는 제사장들의 성직 제도가 없었고 이스라엘 족장들이 직접 공적인 예배를 주관하고 집례했으며 하나님께서는 족장들과 그 가정에게 언약을 세우셨다. 그러므로 족장의 가족이 하나님의 백성으로서 교회였고, 그들이 머무는 곳이 어디든지 바로 그 자리가 하나님께 예배드리는 장소가 되었다.

오늘날 우리가 가장 이상적인 예배와 삶의 모델이라고 주장하는 '가정 같은 교회, 교회 같은 가정'이 이미 족장 시대에 살아 있었던 것이다. 이는 '행동하는 양심'을 넘어 '예배하는 사람은 곧 행동하는 사람'임을 말해 주고 있다. 예배하는 사람으로서 우리는 지금 잃어버린 '예배와 삶'을 찾아가고 있을 따름이다.

'가족이 교회이고 교회가 곧 가정'이었던 족장 시대 예배의 신학적 성격을 레이번과 같은 신학자들은 다음과 같은 세 가지로 표현한다.

첫째, 여호와 하나님의 이름을 부르는 것이었다(창 12:18, 14:19, 21:33, 22:14). 이것은 여호와 하나님의 기본적인 칭호들에 대한 이해와 하나님의 속성에 대한 통찰력을 제공해 준다.

둘째, 계약 백성의 구별된 표로서 할례의 제도를 세운 것이었다(창 17:10, 21:4). 할례는 하나님의 자녀로서 영적 생활로 들어간다는 표요, 하나님의 총회인 예배 공동체에 들어갈 수 있는 자의 표시였다.

셋째, 십일조의 실례를 세운 것이었다. 아브라함은 살렘 왕이며 지극히 높으신 하나님을 섬기는 제사장 멜기세덱에게 십일조를 바쳤다(창 14:17-24). 야곱은 벧엘에서 십일조의 서약을 했다(창 28:22).

십일조는 모든 소유가 여호와 하나님께로부터 비롯되었음을 인정하고, 그것을 여호와께 되돌리는 거룩한 행위였다(레 27:30). 여기에서 예배와 헌물에 대한 기본 원리를 발견할 수 있다.

하나님께서는 자기를 찾는 자에게 오시고 예배드리는 자리에 임재하신다. 하나님께서 아브라함에게 나타나셨고, 아브라함이 그 곳에 제단을 쌓았다는 것은 예배에서 하나님의 임재의 원리를 분명하게 해주는 것이다. 이런 점에서 족장 시대의 예배는 신령과 진정으로 드리는 예배의 모형을 제시해 주고 예배의 원리를 표상으로 가르쳐 주고 있다.

율법 시대

율법 시대의 예배는 하나님께서 모세를 통하여 자신을 언약의 하나님 여호와로 이스라엘에게 계시하고 예배의 형식을 요구(출 20:1-18)하신 것으로 시내산 언약을 통하여 구체화되었다. 시내산 언약을 기초로 모세가 남긴 레위기에서의 예전 절차는 지금껏 이방 종교로 인해 오염되었던 예배의 형태를 종식시키고 새로운 질서를 세우게 해주었다.

하나님께서는 모세를 통하여 십계명이란 새 계약을 그 백성에게 부여했으며 예배를 위한 성소의 내용과 규례 문제, 제사장 계열(레위 지파)의 확정, 제사 제도의 제정 등을 명하셨다. 이로부터 노예 생활 속에서 무질서했던 여호와 종교의 독특한 예배 형태를 쇄신해 가는 구체적 발전 단계가 계시된다.

시내산에서 있었던 하나님과 이스라엘 간의 이 만남은 하나님과 그의 백성 사이의 만남에서 가장 기본적인 골격이 되는 구조적 요소들을 내포하고 있다.

첫째, 이 만남을 소집한 주체자가 하나님이라는 사실이다. 이스라엘 백성을 애굽에서 이끌어내어 시내산까지 인도하신 분도, 시내산 기슭에서 백성을 부르신 분도 하나님이시다. 여기서 우리는 진정한 예배란 하나님께서 그의 백성을 자신과 만나도록 부르셔야만 가능하다는 것을 알게 된다.

둘째, 이스라엘 백성은 각기 역할을 분담하여 전원이 참여했다. 비록 모든 책임은 모세에게 있었으나 아론과 나답과 아비후와 이스라엘 장로 70인과 이스라엘 청년들은 물론 일반 백성들까지 남녀노소를 막론하고 하나님과의 만남 속에서 각기 맡은 역할이 있었다.

셋째, 하나님의 말씀 선포이다. 하나님께서는 그의 백성에게 말씀하셨고 그의 뜻을 그들에게 알리셨다. 하나님의 말씀은 예배의 필수적인 요소이다.

넷째, 이스라엘 백성들은 하나님의 말씀을 듣고 순종하기로 굳게 약속했다. 이처럼 예배를 통해서 각자가 하나님께 한 약속을 계속적으로 갱신한다. 결국 교회는 예배를 통해서 하나님과 맺은 언약을 갱신해 가는 것이다.

다섯째, 하나님과 이스라엘 간의 만남은 언약에 인을 치는 비준의 극적인 상징으로 그 절정을 이룬다. 구약에서 하나님께서는 인간과 맺은 언약에 인을 치실 때 항상 희생의 피를 사용하셨다. 이 희생은 예수 그리스도께서 단번에 드리실 영원한 희생을 가리키고 있는 것이다. 그리스도의 희생 이후에는 주님의 성만찬이 교회가 하나님과 맺은 언약의 관계를 보증하는 인이 되었다.

시내산에서의 만남을 통하여 하나님께서는 모세에게 지시하여 예배를 위한 성막(회막)과 십계명을 간수하여야 할 언약궤를 만들게 하셨다(출 25:8-9). 이스라엘 백성들은 하나님께서 모세를 통하여 지시하신 성막을 '하나님을 만나는 곳'이라고 하여 '성막(회막)'이라고 불렀다. 성막은 그들이 하나님을 만나는 성소였다.

이 성막 예배에는 몇 가지 특징적인 요소가 있었는데, 첫째가 절기의 축제 예배였다. 이스라엘 백성의 성막 예배는 그들의 민족적 3대 절기인 유월절과 오순절과 초막절에 집중되어 있었다. 유월절은 출애굽 사건과 관계를 갖는 해방 절기였고(레 23:4-8), 오순절은 추수 절기로서 하나님의 지속적인 돌보심에 대한 감사의 축제일이었으며(레 23:15-22), 초막절은 이스라엘이 광야 길에서 받은 도우심을 기념하는 축제였다(레 23:33-43).

둘째는 법궤를 중심으로 한 희생 제사의 예배였다. 성막에서 가장 중요한 위치를 차지하는 것은 법궤(언약궤)였고, 그것은 하나님의 임재의 표징이었다(출 25:22). 법궤를 중심으로 세워진 성막에서 희생 제사가 드려졌는데, 그것은 하나님의 명령에 따른 것이었으며 이스라엘 민족과 하나님과의 관계에 대한 여러 면을 나타내고 있다.

그리고 셋째는 안식일 제도가 지켜졌다는 것이다. 이 제도는 이스라엘 백성 전체가 지키는 규례로서 안식일은 예배의 날이 아닌 휴식의 날이었다. 그러나 구약의 공적 예배의 측면에서 본다면 이 날은 하나님의 창조와 애굽에서 구원해 주신 일을 기억하게 하여, 거룩하게 지키도록 한 예배일의 측면도 있었다.

이와 같이 이스라엘의 신앙 행위였을 뿐만 아니라 하나님께서 자기 백성에게 구원의 의미에 대한 이해를 가르쳐주신 사건인 율법 시대의 예배는, 모세로부터 아론과 그 아들들에 의하여 공중 예배의 한 제도로 확립되었다. 율법 시대에 주어진 이스라엘 예배의 뜻과 목적은 "우상들에게 절하지 말며 그것들을 섬기지 말라"(출 20:5)는 하나님의 요구와 "우리 하나님 여호와는 오직 유일한 여호와시니"(신 6:4)라는 말씀 속에 가장 잘 요약되어 있다.

사사 시대

족장 개인과 가족 중심의 예배에서 성막을 중심으로 한 회중 예배로 점차 구체화되며 이어져오던 여호와의 예배는, 이스라엘이 가나안 정복을 수행할 때 '바알 신의 종교'로 알려진 자연신의 예배와 충돌하면서 순결한 형태를 유지하지 못하게 되는 위기를 맞았다.

모세가 가나안 땅의 문전에서 죽은 후 이스라엘 백성들은 후계자 여호수아의 지휘 아래 그토록 그리던 가나안을 정복하기에 이르렀다. 그러나 그곳에서 풍요를 상징하는 그 땅의 토착 종교 바알 신을 접하게 된 그들은 이방 종교에 호감을 갖게 되면서 탈선하는 어리석음을 범하게 된다. 그들은 바알을 하나님과 동일시하고 하나님께 드리던 예배와 의식, 기념 축제 등을 거짓 신 바알에게 돌리는 심각한 과오를 범했다. 심지어 어떤 사람들은 그들 조상의 하나님을 버렸다.

거짓 신들을 예배하는 가나안 족속들로부터 영향을 받아 그들을 좇았던 이스라엘 백성들은 결과적으로 "내가 거룩하니 너희도 거룩하라"는 순결을 요구하시는 하나님의 명령을 무시하고 가장 순결한 형태로 유지해야 할 예배를 오염시켰다. 그러나 여호와 하나님이 그의 모든 백성들로부터 잊혀지지는 않았다. 사사 시대에도 수많은 산당에서 하나님께 드리는 예배는 계속되었고, 이스라엘 백성들의 이탈을 지적하는 사사들의 활동을 통하여 하나님의 선택된 백성으로서의 이스라엘은 근근히 명맥을 유지했다.

사사 시대에는 하나님을 예배하는 일이 산당을 통해서 이루어졌다. 길갈은 가나안 땅에서 여호와께 예배하기 위해 건립된 첫 장소였을 것이다. 사울은 길갈의 성소에서 임금이 되었고, 이스라엘이 가나안으로 건너온 축하제를 매년 거기서 거행했다. 길갈(삿 2:1), 오브라(삿 6:24), 실로와 단(삿 18:29-31), 헤브론(삼하 5:3), 기브온(왕상 3:4)의 제단들은 이스라엘이 여호와를 위하여 그 땅을 계속 정복하고 있었음을 암시하는 것이다.

이스라엘 왕국 시대

출애굽 사건 이후 가나안 땅에 정착한 이스라엘 백성들에게는 성막을 옮겨다니기보다는 정착시키는 작업이 요구되었다. 이러한 요구는 이스라엘 제2대 왕이었던 다윗 때에 이르러 하나님을 섬기는 예배의 복고(復古) 운동으로 전개되었고 나아가 아모스, 미가 같은 선지자들을 통하여 부패된 민족의 종교성 회복이 점차 가능해지게 되었다. 결과적으로 모세의 출애굽에서 계시된 제물에 의한 제사, 즉 제물 중심의 예배는 이스라엘 왕국 시대로 오면서 계속되었고, 다윗과 솔로몬의 시대에 이르러 하나님의 집을 세우면서 그 전성기와 절정을 이루게 된다.

다윗 시대에 하나님께로부터 계시되었지만 솔로몬 시대에 비로소 건축된 예루살렘 성전(왕상 6:37-38)은 유동식 장막을 대치하여 나타난 예배 장소로, 모세의 광야 예배에서 구원의 하나님이 이스라엘 가운데 계심을 상징하는 언약궤(법궤)가 이제 예루살렘 성전에 자리잡게 된다. 이 성전은 하나님을 예배하는 거룩한 장소들 가운데 가장 웅장하고 정교한 곳으로 구약의 공적 예배의 절정을 이루었던 곳이다.

그러나 성전 예배와 성막 예배는 구조나 내용상 본질적인 차이는 없었다. 굳이 찾자면 규모의 화려함과 음악을 통해 예배의 강조점을 둔 것이 차이점이라고 할 수 있다. 성전 예배 때는 시편의 노래와 찬양이 함께 있었고 이것을 위한 성가대와 악기들이 사용되었다. 다윗 왕 시대에는 악기로 여호와를 찬양하는 4,000명의 성가대가 있었으며(대상 23:5), 특히 아삽과 여두둔의 자손 중에서 구별하여 직무를 맡겼던 것으로 알려져 있다(대상 25:1-31).

이 성전 예배에는 몇 가지 특색이 있다. 첫째, 예배 장소가 성전에 국한되어 성전 이외의 다른 곳에서 희생의 제물을 드리는 일이 허락되지 않았다.

둘째, 예배에 관한 모든 요소가 성문화되어 세부적인 것까지 규정지어 있었다. 하나님과 예배자 사이의 거리를 표시하는 바깥뜰과 안뜰, 지성소 등의 배열, 하나님과의 만남을 상징하는 번제단, 물두멍, 금등대, 향단, 언약궤 등 성전 안에 있는 모든 기구들의 설계와 놓는 위치 등 성전을 시설하는 방법에서부터 내용, 사제의 의복, 희생 제물의 종류와 방법까지, 모든 것들이 처음부터 끝까지 되는 대로 선택되거나 아무렇게나 배열된 것이 없었다. 그 모든 것은 하나님께서 직접 정하신 것으로서 이스라엘과 하나님의 관계에 대한 상징적인 의사 전달이다.

셋째, 특정인을 통하여 대리, 위탁 예배를 드렸다. 성전에는 사제와 레위인들이 있어 하나님의 부름을 받아 정교한 예식으로 하나님을 섬기는 일에만 전념하기로 하고 제사장에 임명되었다

(출 29장). 그들은 섬기는 일에 합당한 의복을 입었으며(출 28:40-43), 거룩한 삶을 사는 데 필수적인 엄격한 삶의 법칙을 요구받았다(레 21:1-22:10). 거룩한 예식을 집행하는 사람으로서의 제사장들은 전 이스라엘 백성을 대표했다. 그들은 이스라엘과 하나님 사이를 중재하는 자들이었으며 이스라엘 역사 초기부터 여러 전승들을 보존하고 해석하는 일을 관장했다. 이와 같은 사제와 레위인들이 성전에 있으면서 예배드리러 온 백성을 대리하여 의식을 집행했으며 백성은 다만 간접적인 참여를 했을 뿐이다.

넷째, 의식적인 예배로서 설교와 기도가 없는 예배였다. 예배에서는 말씀보다 행위의 요소가 더 중요하여 설교는 없었다. 동물의 희생은 거행되었으나 기도는 없었다.

다섯째, 상징적이고 모형적인 예배였다. 상징이란 영적 진리를 가시적이며 구상적으로 표현하는 것을 말하며, 모형적인 예배란 미래에 나타날 영적 진리를 가리키는 것을 말한다. 구약의 의식은 신약에서 성취될 진리, 특히 예수 그리스도의 사제적 활동을 상징한다.

포로 이후 시대

성경에 따르면 이스라엘 민족에게 하나님을 섬기는 일 곧 예배는 이스라엘의 민족적 존폐 여부와 직결되어 있다. 그럼에도 불구하고 성전 예배는 솔로몬 말기부터 그의 타락과 함께 형식화되기 시작했고 예배의 본래적 목적을 상실하는 현상을 가져왔다.

물론 이스라엘 민족 가운데서 허물어진 예전과 신앙의 본질을 되살려야 한다는 결의를 보이면서 요시야 왕이나 예레미야, 에스겔 등이 신앙의 개혁 운동을 시도했으나 실패하였고, 결국 바

벨론 군대가 예루살렘을 침범하여 이스라엘 백성을 포로로 잡아가고 예루살렘 성전을 파괴하면서 예루살렘 성전을 중심으로 했던 구약의 예배는 불가능하게 되었다. 이러한 역사적 상황의 변화로 예루살렘 성전에서의 예배 생활은 변화를 겪게 되었다.

예루살렘의 함락과 솔로몬 성전의 파괴, 예배의 중심지로부터 멀리 떠나 있어야만 했던 오랜 포로 시절, 예언 활동의 쇠퇴 등과 같은 역사적 상황의 변화는 '회당'이라는 예배의 새로운 형태를 일으켰다. 예루살렘 성전으로 돌아갈 수 없는 상황에서 유대인들은 회당(Synagogue)에 모여 나라 잃은 슬픔을 달래며 '회당 예배'를 갖게 되었다. 포로 이후 시대의 예배는 한마디로 회당 예배라 할 수 있다.

회당에서의 예배는 성전에서의 예배와 현격히 달랐다. 회당의 예배에는 어떠한 거룩한 의식도 없었으며 거룩한 제사장도, 제도도 없었다. 회당에서는 유대교에 입교한 남성 열명이 모이면 언제든지 예배가 개회되도록 규정되었고, 유대교에 입교한 남성이라면 누구든지 성경을 읽고 해석하고 기도하며 예배를 인도할 자유가 있었다. 회당 예배의 핵심은 하나님의 말씀을 읽고 그 말씀을 이해하는 데 있었는데, 성전 예배의 참여자는 구경꾼에 불과하지만 회당 예배는 모두가 예배의 참여자인 것이 특별한 점이었다. 회당 예배는 임시적인 것으로 메시아가 성전을 건축할 때까지로 한정되어 있었고 성전에서처럼 향을 피우거나 악기를 사용하는 것을 금지했다.

회당은 흩어진 유대인들이 거주하는 곳이면 어디든지 설립되었다. 회당은 배움의 집인 동시에 기도와 찬양의 장소로 간주되었지만, 회당 본래의 목적은 모든 계층의 사람들에게 율법을 가르치는 데 있었으며 이 율법의 연구는 이스라엘 백성들에게 최고의 의무가 되었다. 또한 회당은 랍비가 국가의 공동 신앙을 개인 생활에 적용시키는 장소가 되었다. 그리하여 유대인들이 국가적, 정치적 독립을 상실한 후에도 회당은 율법을 중심으로 한 유대 종교와 사상 교육의 중심지가 되었다. 훗날 이스라엘 백성이 포로지에서 귀환하여 예루살렘에 성전을 재건하고 희생 예배를 다시 거행하게 되었을 때에도 회당 제도는 폐지되지 않았고, 성전 예배와 병행해서 회당 예배도 존속하게 되었다.

회당에서는 안식일마다 예배가 거행되었는데 예배의 순서는 다음과 같다. '이스라엘아 들으라'는 말씀, '쉐마'의 낭독으로 예배는 시작된다. 하나님을 사랑함에 대한 신앙 고백(신 6:4-9)과 하나님을 섬기는 자가 받을 축복과 하나님을 거부하는 사람이 받을 저주(신 11:13-21), 다시 하나님을 섬기는 자의 복(민 15:37-41)의 순서로 세 구절을 차례로 낭독한다.

둘째, 회당 예배는 기도를 중시한다. 기도는 쉐마처럼 각기 세 부분으로 이루어져 있다. 먼저 아브라함과 이삭과 야곱의 하나님을 경외하는 고백으로 시작되어 '살아 있는 자를 먹이시고 죽은 자를 살리시는 하나님'을 칭송하는 연속된 세 편의 기도- 제18축복 기도와 축도의 전부 또는 일부가 행해졌다. 회중은 일어서서 축복 기도가 있은 후 아멘을 제창했다.

셋째, 율법의 낭독이 있었다. 율법의 낭독은 안식일마다 있었는데 먼저 감사의 기도로 낭독을 시작하고 기도로 낭독을 그쳤다.

넷째, 구약의 예언서를 낭독했다.

다섯째, 강해와 권면의 시간이 있었다. 율법과 예언서의 낭독이 끝나면 데라샤(Derashah)라고 불리는 설교가 이어졌다. 설교를 할 수 있도록 어떤 특정한 직분에 제한을 두지는 않았지만, 설교자는 정신적으로나 도덕적으로 필수적인 자격을 갖추어야 한다는 것은 기본적으로 요구되었다.

여섯째, 제사가 있을 때에는 축도가 있었고 축도가 있은 후에는 아멘으로 끝났다.

이 회당 예배는 주후 1세기에 와서 더 이상 변동하지 않고 고정 순서를 갖게 되었다. 이러한 새로운 면모의 회당 예배는 기독교 예배의 요람적 성격을 갖고 있으며 오늘의 개혁 교회가 가지는 말씀 중심 예배의 근원이 되고 있다. 회당 예배는 신약 시대에 와서 매우 활발히 전개되었으며 교회의 확장 속에 새로운 기원을 이룩하는 절대적 영향을 남겼다.

신약 시대의 예배

구약 시대의 예배가 예루살렘 성전을 중심으로 하는 예배였다면, 신약 시대의 예배는 예수 그리스도의 죽음과 부활에 의한 구속 역사를 중심으로 하는 예배라고 할 수 있다. 또 구약 시대의 예배를 이스라엘 민족의 하나님께 예배하는 역사라고 한다면 신약 시대의 예배는 새 이스라엘 민족의 하나님께 예배하는 역사라고 할 수 있다. 이 말은 곧 예수 그리스도에 의해 하나님과 새로운 계약을 맺은 백성은 누구나 새 이스라엘 민족이 된다는 것이다.

신약 성경의 기록에 의하면 기독교의 예배는 유대교의 관례(慣例)에 뿌리를 두고 있다. 최초의 그리스도인들은 성전과 회당에서 그들의 예배에 충실한 유대 사람들이었고 예수님도 역시 백성의 관례를 좇았다. 이와 같이 초창기의 그리스도인들은 성전과 회당에서 습관화된 히브리 예배 방식을 다소 좇았다.

그러나 초대 그리스도인들이 비록 부조화된다는 생각 없이 유대 사람들의 예배 형식을 계속 사용하였을지라도 이것이 '기독교 예배에는 아무런 특색이 없다'는 말로 해석되어서는 안 된다. 신약 시대 예배의 기초는 예배에 대한 예수님의 관점 및 교훈과 더불어 성전과 회당의 관례와 교훈 및 상징적 표현들인 종교적 일반 유산이었다. 그러므로 구약 성경의 예배에서 발견되지 않는 독특한 요소가 있다 할지라도 구약 성경의 예배와 신약 성경의 예배 사이에 근본적인 단절은 없다.

일반적으로 신약 성경에는 다음의 세 가지 융합된 예배 형태가 있다고 말한다. 곧 성전에서의 예배, 회당에서의 예배, 그리고 기독교인들이 특수한 집단으로 모인 가정 및 다른 장소에서의 예배이다.

예수님 시대

예수님께서는 말과 행동을 통해 예배에 대한 새로운 이해와 모습을 보여 주셨다. 새로운 예배에 대한 예수님의 관심은 의식적인 제도보다는 사람들의 내면적 각성과 실천을 추구하는 가운데 드려지는 신령과 진정의 예배(요 4:23)였다.

메시아인 예수님께서는 하나님의 아들로서의 권위를 가지고 당시의 종교적 상태와 내용 및 예배 제도를 판단하셨다. 그의 특별한 관심은 어떤 의식적인 제도보다는 사람들이 하나님을 대할 때에 심령에 부끄러움이 없도록 하는 회개 운동에 있었음을 볼 수 있다. 그는 백성들의 내면적 각성과 실천을 추구하는 가운데 예배는 '신령과 진정'으로 드려야 함을 강조했다.

그러나 예수님께서는 예배에 대한 영적인 측면을 강조하면서도 제도화된 예배와의 균형을 결코 잃지 않으셨다. 그는 구약의 성전 예배나 회당 예배를 거부하지 않았을 뿐 아니라 오히려 직접 참여하여 대화를 이끌고 가르치며 복음을 전파하셨다. 심지어는 성전 예배를 타락시키는 무리들에게 분노하며 성전을 청결케 하시기까지 하셨다(요 2:13-25).

동시에 예수님께서는 자신의 등장과 활동이 마지막 시대에 하나님의 행위의 성취가 시작되었다는 것을 보여 주는 것이라고 말씀하심으로써, 구약의 예배 제도들이 자신을 가리키고 있는 것임을 보여주셨다. 이와 같이 예수님께서는 구약의 예배를 지지하면서 유대교 예배의 관습들을 재해석하셨다.

예수님 당시의 예배는 회당과 성전에서 동시에 거행되었다. 예수님께서는 성전에서도 가르치셨고(막 14:49), 회당에서 거행되는 안식일 예배에도 출석하셨다(눅 4:16). 그러나 가장 중요한 것은 예수님께서 직접 다락방 예배를 시행하셨다는 것이다. 그 예배를 통하여 신약의 예전인 성만찬식(마 26:26-29)과 세례식(마 28:19-20)을 제정하는 기초를 놓으셨다.

또 예수님께서는 예배는 신령과 진정으로 드려야 함을 강조함으로써 구약의 의식적 예배를 폐지하고 새로운 영적 예배에 대하여 예언하셨다(요 4:24). 예수님께서는 자신의 죽음과 부활로 구약의 의식적 예배를 실제로 완전히 성취하면서 오순절로 시작되는 사도 시대 예배의 기초를 놓으셨다.

정장복 교수는 예수님에 의해 새롭게 제정된 성례전의 중요성에 대해, "세례와 성만찬을 지칭하는 성례전은 구약의 성전 예배와 내용을 지닌 예배 의식으로서, 이 의식은 기독교 예배의 2천년 동안 변함없는 예전이 되었고 예배의 구심점으로서 지금까지 지켜오고 있다"고 강조하여 말한다.

사도 시대

교회의 태동도 그렇지만 초기 그리스도인들의 예배 역시 예수님의 부활 후 그를 따르던 제자들의 공동체적인 모임에서 비롯된다. 예수님께서 승천하신 후 예루살렘의 다락방에 모인 120명의 성도들은 기도하는 중에 성령의 강림을 체험하게 된다. 이는 초대 교회 예배의 새로운 형태를 가져오게 했다.

예루살렘에서 함께 모인 사도 시대 초기의 그리스도인들은 예수 그리스도를 구약에서 예언자들이 예언한 대로 이스라엘을 구원하기 위해 오신 거룩한 구속주, 메시아로 믿었다. 그들은 모두 유대인이었다. 그러므로 자연히 전통적인 신앙 생활 습관에 따라 모였으며, 예수님께서 행하셨던 것처럼 유대 역사를 통하여 계승되어 온 성전과 회당에서 거행하는 예배에 참석했다(행 2:46, 5:42 ; 눅 24:53 참조). 절기와 성일도 지켰다(행 20:6, 16 ; 고전 16:8).

그들이 희생의 제물을 드렸는지에 대한 언급은 성경에서 찾아볼 수 없다. 그러나 맥도널드(A. B. MacDonald)의 조사에 따르면, 사도 시대 초기의 그리스도인들은 전환기에 성전에서 예배를 드렸지만 그들의 근본적인 신앙의 기초는 예수 그리스도의 희생과 구속이었으므로 희생의 예배에는 참석하지 않고 성전의 회당식 예배에만 참석했을 것으로 본다(그의 책 Christian Worship in the Primitive Church, Edinburgh : T&T Clark, 1935).

그들은 예루살렘 성전에서 모이는 동시에 개인의 집이나 그 외의 장소, 즉 사원이나 다락방에서 모였다(행 19:9, 20:8). 이것은 그들이 교회 건물의 중요성을 포기한 것을 뜻하는 것이 아니라 처음에는 중심적인 집회 장소를 가지지 않았음을 나타낸다. 오순절 성령 강림을 경험한 사도 시대 그리스도인들은 성전과 회당에서 예배를 드렸으나 하나님을 만나기 위한 장소에는 더 이상 제한을 두지 않았던 것이다.

예루살렘에서 사도들은 성전 특히 솔로몬의 행각에서 설교를 중심으로한 예배를 행했으며(행 3:11, 5:1-13), 동시에 집에서도 매일 예배가 거행되어 기도와 떡을 떼는 일과 사도들의 가르침이 있었다(행 2:42).

모이는 시간도 유대교와 구별하기 위해서 일주일의 첫째 날 (행 20:7)을 주님의 날로 정했다. 그날은 그리스도께서 부활하신 날이었고, 제자들이 식사하러 모였을 때 그리스도께서 나타나신 날이었다.

이렇듯 사도 시대의 예배는 율법과 선지자의 글을 낭독하고 해석하며 한 분 하나님에 대한 신앙 고백과 기도가 시편의 노래와 함께 행해지던 회당 예배의 기본 성격 위에, '성찬'과 '주의 날에 행한 예배'라는 독특한 그리스도적 요소가 첨가된 것이다.

사도 시대의 예배에 대해서 비교적 자세히 설명하고 있는 고린도서에 근거하여 김소영 목사는 사도 시대 예배의 특징을 다음과 같이 말한다.

첫째, 비교적 개방적이고 비형식적인 전도 형식의 예배였다. 이 예배에서는 불신자가 참석했다가 개종하고 결신하는 일이 있었다(고전 14:23-25 참조). 예배의 방법은 주로 회당 예배의 형식을 채택하여 제물을 사용하지 않는 특징이 있었다. 또한, 즉석 기도와 같이 응답이 있는 단순한 예배를 위한 장소가 마련되어 사도적 교회의 예배 성격이 되었다. 순서는 기도, 찬송, 가르침, 예언, 방언, 축도로 이어졌을 것이라고 생각된다.

둘째, 사도 시대에는 통상적으로 밤에 행하는 예배가 있었다. 이 때 제자나 성도들이 한 장소에 모이면서 각자가 음식을 가지고와 주의 만찬을 겸한 '아가페'라고 하는 식사를 함께했다. 이 식사는 사랑의 축제(agape meal) 혹은 사랑의 식사라고도 하는데, 순수한 식사로서 기도와 감사와 간증이 동반되며 성도와 그리스도와의 일치와 거룩한 교제를 뜻하는 것으로 행해졌다(고전 11:17-34 참조).

그러나 사도 시대의 예배중 '방언으로 말하는 것'과 '사랑의 식사'는 1세기 후에는 없어지게 되었다. 그것은 이방인 초대 교회 공동체에서의 예배가 방언과 황홀경이 확산되어 무질서가 표출되자 사도 바울이 질서의 필요성을 강조한 바 있었는데, 아마도 사도들의 그런 입장이 반영된 결과라고 볼 수 있다.

사도 시대의 예배는 구속주 하나님을 섬기는 구체적 행위로서의 예배라기보다는 복음 전파의 과정에서 흔히 병행되는 비예전적 형태였고, 그리스도인들의 모임에서 중심적 위치에 서 있는 부활하여 살아 계신 주님이 곧 과거에 십자가에 달렸다가 부활하신 역사적 예수님이며, 동시에 미래에 오실 그리스도임을 지시하고 있다.

이상에서와 같이 신약 시대는 성전 예배와 회당 예배, 마가의 다락방에서와 같은 다락방 예배 요소들이 서로 융해되어 새로운 예배의 규범이 만들어지는 시기로서, 예수님께서 이 모든 예배가 하나님과 동등하신 자신을 향한 예배이어야 함을 주장하면서 유대 민족이 주장하는 예배의 대상과 예배의 기본 생각에 대하여 새로운 해석을 내려 주셨던 시기이다(막 2:27-28).

【 생각해 볼 문제 】

1. '기독교는 예배하는 종교이다'라는 전제만큼이나 중요한 전제들이 있다. 그 두 가지 전제가 무엇인지 열거해 보라.

2. 고대 세계에서 이교도들이 드린 예배와 구약 성경에서 하나님의 백성들이 드린 예배와의 차이점은 무엇인가?

3. 율법 시대 시내산에서 있었던 하나님과 이스라엘 간의 만남은 예배의 기본 골격을 이룬다. 이 만남의 요소들을 설명해 보라.

4. 솔로몬에 의해 지어진 예루살렘 성전(왕상 6:37-38) 예배의 특징을 설명하라.

5. 회당 예배는 어떻게 시작되었는가?

6. 예수님 당시의 예배는 어떠했는가? 또 예수님께서 가르치신 예배는 어떤 것이며 어떻게 표현되었는가?

7. 사도 시대 예배의 특징을 아는 대로 설명하라.

3 예배의 역사적 배경

초대 교회의 예배

 사도 시대 이후 처음 몇 세기는 기독교 예배의 발전에 대해 참고할 만한 문헌이 거의 없다. 그것은 로마의 박해 속에 교회가 지하로 들어가 성도들이 비밀리에 예배를 드리는 고통을 겪어야 했기 때문이다. 이 시기에 어떤 내용으로 예배를 드렸는지의 기록은 매우 궁색한 편이다. 그러나 하나님의 섭리 속에서 남겨진 네 개의 문헌은 초대 교회의 예배 내용을 파악할 수 있는 소중한 자료가 되고 있다.
 이 문헌들은 ①로마의 클레멘트가 고린도 교회에 보낸 편지(A.D. 96년경), ②소아시아 버지니아의 총독이었던 플리니(Pliny)가 로마의 트라야누스 황제에게 보낸 편지(A.D. 112년경), ③디다케(didache)라 불리는 열두 사도의 교훈집(A.D. 130년경), ④저스틴(Justin A.D. 140년경 순교)이 로마 황제 안토니누스 피우스(Antoninus Pius)에게 보낸 변증문, 일명 '이집트 교회 예식'이라고 불리는 사도들의 전승(A.D. 200년경)들이다.

클레멘트의 편지에 나타난 예배 의식에 관한 내용은 교인들을 권하여 말씀을 읽고, 죄를 회개하고, 그들 가운데 계시된 성령을 인정하고, 말씀을 성실히 전파하고, 봉사하는 사람들을 돕기 위해 예물을 바치도록 하였다.

플리니에 의하면 기독교 모임은 주일 새벽에 있었고, 여기에서 '하나님과 그리스도에게 드리는 찬송'이 불려지고, 악을 삼가기 위해 성례전으로서 자신들을 결속한 후 '공동 그리고 무해한' 음식을 먹었다. 이 때에 이미 일주일의 제1일, 즉 '주의 날'이 일요일이라 불려졌고, 이 날은 환희의 날이므로 기도를 할 때도 꿇어 엎드리지 않고 일어났으며 금식도 하지 않았다. 그리고 유대인의 안식일(토요일)은 점차 일요일로 지키도록 장려되었다.

디다케에 의하면 세례는 침례의 방식을 택했으나 형편에 따라 물을 적시는 약식도 행해졌다. 세례는 주로 축일에 행했는데, 세례를 받는 이와 베푸는 이는 미리 하루나 이틀 금식을 하면서 준비했다. 또 주의 만찬은 세례받은 자만 참석할 수 있었고, 식후에는 감사 기도가 있었다.

초대 교회의 예배에 대한 최초의 일반적인 개요는 저스틴의 '제1변증서' 안에 있다. 저스틴의 자료를 중심으로 한 초대 교회의 예배 순서는 다음과 같다.

* 말씀의 예전
① 찬송 부름(시편이나 성경)
② 성경 낭독(사도들의 언행록과 예언서)
③ 인도자의 설교(훈계와 권고)
④ 회중의 기도(기립하여 힘에 지나도록)

* 다락방의 예전
⑤ 성찬식 - 평화의 입맞춤(벧전 5:14)
  떡과 포도주와 물을 인도자에게 가져옴
  성찬식 기도(인도자가 즉석에서 드리는 찬양과 감사)
  응답(아멘)
  분배(떡과 포도주 분배, 결석자의 몫은 집사가 가
  져다준다)
⑥ 헌금(가난한 자와 과부를 도와 줌) 등의 순서이다.

저스틴에 따르면 설교는 지극히 단순하여 즉석에서 느끼는 대로 말하는 정도였으나 점차 치밀한 설교를 하게 되었다. 또 성찬식은 주일 예배시로 고정되어 있었고, 2세기 중엽에 이르러 공동의 식사와 분리되어 예배의 중요한 부분을 차지하게 되었다. 그러나 성만찬에 참여할 수 있는 자격이 제한되어 있지는 않았다. 성만찬에 참여할 수 있는 자격이 세례자로 제한된 것은 터툴리안에 의해서인데, 이것이 3세기 중엽부터 공식적인 관례가 되었다.

이런 문헌들을 종합해 볼 때 초대 교회의 예배는 무엇보다도 그리스도가 중심이었다. 교회가 아들 예수 그리스도를 통하여 아버지를 예배할 때 그것은 곧 아들 예수 그리스도의 포괄적인 사역에 대하여 아버지를 찬양하는 것이다. 그리고 이 사역은 창조, 타락, 성육신, 죽으심, 부활, 종말 등의 맥락에서만 이해될 수 있다.

둘째, 시와 찬미와 신령한 노래로써 예배자들의 마음을 주께 드렸다.

셋째, 구약과 사도들의 가르침을 읽고 그 말씀의 뜻을 강해하면서 신앙과 행위에 대한 권면과 설교를 했다.

넷째, 주님의 기도를 비롯하여 감사, 간구, 남을 위한 기도 등과 주님의 재림을 소원하는 기도를 드렸고 아멘으로 응답했다. 이것은 제사장적 예배와는 달리 예배자들이 참여하는 예배였다.

다섯째, 예물을 드림으로써 감사와 헌신의 표현을 했다.

여섯째, 개인적으로뿐 아니라 공동으로 죄와 신앙을 고백했으며 용서를 구하는 시간을 가졌다.

끝으로 예배의 극치를 이루었던 성만찬 및 세례를 베풂으로써 예수님의 구속 사건의 새로운 경험과 은총의 신앙을 갖게 되었고, 이 예배 속에서 다져진 신앙은 성령의 역사와 함께 복음 전파에 역동적 힘을 발휘하게 되었다.

다시 말하면 예배의 모든 내용은 예수 그리스도가 중심이 되었고, 예배의 핵심적인 순서는 말씀과 성례에 집중되었으며, 그리스도의 증인으로서의 새로운 생명을 재확인하는 데 역점을 둔 예배 분위기를 형성해 나갔다.

중세 교회의 예배

초기 로마 교회의 예배

4세기경 콘스탄티누스 대제가 기독교로 개종한 것은 기독교 역사에 코페르니쿠스적 변화를 초래한 역사적인 사건이었다. 로마의 콘스탄트누스 대제는 313년 기독교를 공인하고 기독교인들의 일요일을 법적으로 성스러운 날로 지정했으며, 이교도의 재산을 이용해서 교회를 만들도록 했다. 이로 인해 이 시대의 기독교 예배는 엄청난 변화를 겪게 된다.

첫 번째는, 사적인 예배에서 공적인 예배로의 변화이다. 콘스탄티누스이전의 예배는 회중과 함께 매주일 일정한 장소에서 진행되는 성만찬을 중심으로 한 예배였다. 이 예배는 질병으로 모임에 참석하지 못해 가정으로 성만찬을 운반하여 나누는 특수한 경우를 제외하고는 회중의 공동적인 사건으로 이해되었다. 그런데 로마 제국의 오랜 박해로 말미암아 기독교 예배는 개인 혹은 가정이나 동굴에서 20-30명씩 분산되어 비밀리에 행하는 것이 일반적이 되었다. 그러므로 예배라는 하나의 통일된 형식을 갖추거나 사회적으로 공식화되지 못했다.

그러나 이제 기독교는 로마의 통치 영역에서 종교의 자유를 얻게 되었고 사회 속의 조직체로서 독립적인 의미를 가지게 되었다. 기독교는 국가의 종교로 선언되었고 이방 종교는 더 이상 기독교의 위협적인 존재가 아니었다. 오히려 이방 신을 섬기던 장소에서 기독교의 예배가 진행되면서 이방 종교의 사상과 의식이 수용되어 이방인의 축제일이 기독교의 축제일로 받아들여지기도 했다.

두 번째는 교회의 성장과 부흥이다. 개인 혹은 가정이나 동굴에서 소집단으로 모이던 기독교가 국가의 배려 가운데 공식화되면서 한곳에 집결하게 되었고, 여러 곳에서 예배하는 발전이 이루어졌으며, 이들을 수용하기 위해 대형화된 교회 건물이 필요하게 되었다. 그리하여 강요된 방식으로 예배의 규모가 커지면서 예배 형식은 하나의 통일성을 확보하게 된다.

세 번째, 예배의 전문화(성직화)와 평신도 참여의 후퇴이다. 다수의 무리가 모여서 드리는 예배를 위하여 성직자는 전문가로서 예전의 인도를 책임진 자들이 되었고, 평신도는 비전문가로서 사제에게 모든 것을 위탁하는 수동적 자세로 예배에 참여하게 되었다. 이는 성직자의 위치와 권위를 점차 확대시킨 반면,

평신도들의 성찬과 예배에 대한 관심을 저하시키며 축소시키는 결과를 가져왔다.

네 번째, 외적 형식과 예식의 강조이다. 로마 교회는 초대 기독교인들이 지녔던 성전과 제단을 소유하지 않은 예배의 특징을 버리고, 성전과 그 설비를 위하여 자신들의 거룩한 영역을 만들고 예전에서 사용되는 언어를 만들어 내는 등 외적인 형식과 의식을 강조했다. 이처럼 외적인 형식과 예식을 강조하게 된 것은 로마 가톨릭 교회의 성례전주의(Sacramentalism)와 성직주의(Sacerdotalism)의 신학 제도에 기인한 것이었다.

교회의 이러한 급격한 비약은 동방 교회와 서방 교회의 예배 양식에 대한 심각한 대립을 야기시켜 결국 1054년 동방과 서방 교회의 영원한 분열이라는 불행을 가져오게 되었다. 동방 교회와 서방 교회는 예배에 대한 곡해로 인해 설교의 쇠퇴를 가져왔다. 즉 성찬 예배는 종종 설교 없이 행해졌으며 그 결과 본래 있었던 말씀과 성례전과의 균형이 상실되고 말았다. 그리하여 동방 교회는 제정 러시아를 중심으로 존속하였고 서방 교회는 로마의 지배하에 그 영향이 전세계에 미치게 되었다.

동방 교회의 예배

A.D. 350-380년경에 안디옥과 알렉산드리아를 중심으로 교구를 정착시킨 동방 교회는 그 때부터 예전의 독특성을 나타내기 시작했으며, 4-6세기 사이에 오늘의 예배 모습을 갖추었다. 동방 교회 안에 정착된 예배의 중심은 구원 역사의 상징적 묘사로서 주일 예배를 통해 영원한 말씀이신 그리스도께서 역사 가운데 참여했다는 구원 계시의 역사를 재현하는 것이다.

맥스웰에 따르면 동방에는 알렉산드리아 식, 수리아 식, 비잔틴 식으로 알려진 세가지 유형의 예배 의식이 있었는데, 고도로 의식적이며 현란할 정도로 아름답고 매우 신비적이었던 비잔틴 예배 의식이 동방의 정통 교회(Orthodox Church)가 채용한 예배 의식이 되었다.

동방 교회의 예배 의식은 문화와 역사가 어떻게 예배에 영향을 미치는가를 잘 보여 주는 대표적인 예이다. 헬라 문화권을 배경으로 한 이 지역은 시와 문학과 예술과 철학을 숭앙했고, 그것이 예배 의식의 많은 부분에 절대적인 영향을 끼치고 있다. 이러한 헬라 문화의 영향으로 동방 교회의 예배 의식에는 신비스런 행사가 많이 발견된다.

동방 교회는 교회의 명절을 기념하는 예배를 굉장히 치장하여 성대히 거행하며, 예배의 정적이고 초자연적인 요소에 관심을 많이 두는 까닭에 교회 안에 수많은 상징과 미적인 장식과 깊은 신비의 가시적 추구가 두드러지게 나타나게 되었다. 이 현상들은 한걸음 더 나아가 언어를 사용하는 말씀의 예전보다는 신비의 능력과 표현이 담겨 있는 성만찬 예배에 더욱 큰 강조점을 부여했다. 그러나 이러한 예배의 현상은 개혁자들의 눈에 우상 숭배라는 낙인이 찍혀 이단 취급을 받는 결과를 초래하게 되었다.

동방 교회 예배의 이상은 영속적인(영원한) 예배이다. 영원한 예배를 꿈꾸는 이들의 모습은 24시간 계속되는 예배를 드리는 알토스 수도원에서 발견할 수 있다. 이곳에서는 낮 시간 동안 아홉번의 예배를 드리며 예배의 중간에는 성경 낭독이 있다. 이는 실생활에서는 불가능하고 수도원의 공동 생활에서만 가능한 것이지만 이러한 원리는 지금도 '매일 예배' 드리는 것으로 이어지고 있다.

동방 교회의 예배는 준비 예배, 세례 청원자의 예배, 믿는 자들의 예배 등 크게 세 부분으로 구성된다. 준비 예배는 말 그대로 준비 예배로서 예배 전에 교회 안에서 시편과 기도의 낭독이 계속된다. 세례 청원자의 예배는 아직 세례를 받지 않은 초신자들의 예배로서, 노래에 의해 예배 과정이 진행되는 특징이 있고 찬양으로 시작되며 복음서 낭독에서 그 절정을 이룬다. 세례 청원자들이 퇴장하면 성찬 중심의 예배인 믿는 자들의 예배가 진행된다.

동방 교회의 예전은 예배에서 그리스도가 주님으로서 임재한다는 생각을 전제한다는 면에서 서구의 예배와 별 차이가 없다. 그러나 그리스도의 부활을 기독교적 예배의 주된 축제로 삼고 (부활 장면을 그림으로 그려서 교회의 중심에 세워둔다) 있으며, 강한 명상을 중심하는 예배라는 면에서 서방 교회의 예배와 차이를 보인다.

서방교회의 예배

서방 교회 즉 로마 교회의 예배는 교황 그레고리 3세에 의하여 하나의 형태를 갖추기 시작하여 트렌트 종교 회의가 있었던 1570년경에 확고한 가톨릭 교회의 예배 의식으로 결정되었다. 이후 400년이 지난 1963년 제2차 바티칸 공의회에서 라틴어로 진행되던 미사를 자국어로 인도하도록 하며, 성찬 중심의 예배에서 하나님의 말씀을 설교하도록 예배(미사)의 규정을 새롭게 수정하여 오늘날에 이르게 되었다.

서방 교회 예배의 내용과 순서도 역시 초기 기독교 예배의 형태에 그 근거를 두고 있다. 서방 교회는 말씀과 성례를 예배의 두 기둥으로 붙들고 있었지만, 신비적인 면을 강조하던 동방 교회와는 달리 자신들이 속해 있던 문화권의 영향 아래에서 로마인들의 실용적이며 현실적인 측면을 강조했다. 이렇게 현실적이며 구체적인 실용주의 정신이 예배 속에 적용되면서 예배의 형식과 내용 면에서 동방 교회보다 자유로워지기 시작했다. 이러한 현상은 교회 건축에서도 나타나 서방 교회는 외형상의 모습부터 동방 교회와는 전혀 달리하게 되었으며 예배의 내용마저도 단순화시켜 버렸다.

서방 교회는 예배 의식면에서 미사나 고정된 예배 순서를 사용하지 않고 찬송가나 기도문, 교독문을 계절에 따라 바꾸었으며, 절기에 따라 작품을 만들어서 사용하기도 했다. 이런 것들은 서방 교회에 교회 법규와 제반 행사들의 발전을 가져오게 했다.

초기 서방 교회의 예배 의식은 대중적이고 평민적인 경향이 짙어서 성찬식에는 사제와 신자들이 직접 참여했으며, 제단도 회중이 볼 수 있는 곳에 위치했고, 기도는 간결한 형태였다. 그러나 점차 시간이 지나가면서 예배 의식들은 복잡하고 길어졌으며 예배의 성격은 대리적, 성직적이 되어 회중은 예배의 참여자라기보다는 단순한 방관자가 되었다. 또한 예배는 회중이 모르는 라틴어로 거행되었으며 성도들의 생애와 전설이 성경 말씀을 대신했다. 즉 예배가 회중이 알 수 없는 단어로 성직자에 의해서 연출되는 하나의 연극이며 사람에게 보이기 위한 구경거리로 전락하고 만 것이다.

뿐만 아니라 설교의 쇠퇴로 초대 교회와 기독교 예배의 본질이며 특색인 말씀과 성찬의 균형이 상실되었다. 심지어 16세기경에는 화체설이 완성되고 교회의 미사가 그리스도가 죽은 날로 일정 불변하게 되면서 무식한 회중 사이에 미신이 조장되었다.

이처럼 교회의 본래 모습을 예배 가운데서 상실한 중세 교회는 결국 면죄부 판매와 같은 모순을 범하며 시대를 암흑기로 몰고 가게 되었다. 그리하여 광명의 새 아침을 추구하는 참신한 개혁의 일꾼들이 드디어 나타나게 되었다.

종교 개혁 시대의 예배

16세기의 종교 개혁은 역사의 새로운 장을 여는 놀라운 사건이었다. 하나님의 질서가 무너지고 '패역한 세대'로 전락된 중세 교회와 사회는 새로운 세계의 출현을 불가피하게 만들었다.

마르틴 루터가 1517년 비텐베르크의 교회 문에 95개 조문을 내건 것을 보더라도 종교 개혁 운동이 실제로 폭발하기 오래 전부터 이미 중세기 예배 의식에 대한 반대 의견이 유럽 전역에 널리 퍼져 있었다. 왜냐하면 중세 교회의 예배 의식에서는 하나님의 말씀을 거의 들을 수 없었기 때문이다. 성경 봉독을 위한 본문은 정해져 있었으나 생략하는 것이 예사였고, 성자들의 글이나 생애에 대한 글을 읽는 것으로 성경 봉독을 대신했다.

설교를 들을 수 있는 기회 역시 많지 않았다. 지역 교회의 사제들 가운데는 너무 무식해서 설교를 할 수 없는 사람들이 많았다. 예배는 라틴어로 진행되기 때문에 회중은 무슨 말을 하는지 알아듣지 못할 뿐 아니라 찬송의 뜻도 알지 못했다. 회중은 찬송도 같이 부르지 못하고 시종 침묵할 뿐이었다.

성찬의 떡과 잔은 매번 그리스도의 몸과 피를 제물로 드리는 것으로 간주되었다. 그리고 성찬식은 온 회중이 기쁨과 감사함으로 참여하는 예식이 되지 못했다. 사제들은 기도에서 구원의 은총에 감사 드리기보다는 미사의 제물을 받아달라고 거듭 호소했기 때문에 회중들은 감히 떡과 잔을 받을 수 없다는 두려움을 갖게 되었다. 결과적으로 성찬식은 사제들만 행하는 의식이 되고 말았다. 회중들은 사제가 떡을 들어 희생의 제물로 드리는 것을 미신에 찬 눈으로 보거나 혹은 혼자 기도함으로써 참여에 대신했다.

이와 같은 형식적이고 무질서한 예배는 회중들의 영혼의 깊은 욕구를 만족시키지 못했고 결국 종교 개혁의 필연적인 원인으로 대두되었다. 그리하여 루터, 츠빙글리, 칼빈, 청교도 및 반대 운동을 한 교회 지도자들을 통해서 예배의 개혁이 일어나게 되었다. 종교 개혁자들이 중세 교회의 폐단을 개혁할 때에 가장 구체적이며 실제적으로 착수한 것이 바로 예배의 개혁이었다.

종교 개혁은 단순히 예전의 불만과 시정을 위하여 발생된 것은 아니다. 그리스도의 자리에 교황이라는 인간이 앉아 믿음보다는 제도 속에서 공적을 더 중요하게 취급한 것, 미사의 헌금과 면죄부의 구입은 성직 매매와 착취의 근원이 되었다. 그러므로 종교 개혁은 시급하고도 필연적인 것이었다. 즉 당시 예배의 무질서는 종교 개혁의 필연적 발생을 서두르게 하는 요소가 될 수밖에 없었다.

반복하지만 종교 개혁자들이 중세 교회의 폐단을 개혁할 때에 가장 중점을 둔 부분이 바로 예배의 개혁이었다. 그들은 신앙 고백서를 작성하는 한편 예배서를 편찬하여 그들이 신앙하는 대로 하나님께 예배를 드렸다. 우리는 오늘날 우리가 드리는 예배가 우리의 신앙을 가장 적절히 드리는 예배가 되고 있는지 고찰하기 위하여 이 예배들을 살펴보아야 할 것이다.

종교 개혁 시대의 예배는 크게 세 가지 형태로 나눌 수 있다. 첫째는 가장 보수적인 개혁성을 띤 루터주의 예배 형태로서 로마 가톨릭 시대의 것을 상당히 축소하긴 했지만 많은 부분을 그

대로 보유하고 있었던 예배 의식이다. 둘째는 루터보다는 더 용감했지만 츠빙글리보다는 급진적이지 못했던 온건한 칼빈주의의 예배 형태로서, 오늘날 장로 교회 또는 개혁 교회 예배 의식의 원형이다. 셋째는 가장 급진적인 츠빙글리가 주장한 예배 형태로서, 재침례교 및 퀘이커교와 같은 청교도적 전통의 독립 교회 예배 의식의 근간이 된 것이다.

루터의 예배

루터는 로마 가톨릭의 의식 자체보다는 미사를 제사로 보는 일과 거기에서 파생되는 모든 폐단에 대하여 반대를 제기했다. 루터는 성찬식은 하나님께서 사람에게 은혜를 베푸시는 성례이지 우리가 하나님께 드리는 제사가 아님을 강조했다. 따라서 사제는 결코 구약적인 의미의 제사장이 아니며 모든 믿는 자가 다 제사장임을 주장했다. 적어도 초기에는 이를 강조했다.

맥스웰에 의하면 루터는 첫째, 살아 계신 하나님의 말씀과 함께 그 안에서 그리스도인들의 사귐을 강조했다. 둘째, 주님의 만찬은 중심이 되는 의식으로서 기독교인들 사이에서 매일 거행되어야 한다고 믿었다. 셋째, 그리스도께서 성찬의 음식에 실제로 임한다는 성체 공재론을 믿었다. 넷째, 미사는 가톨릭 교회에서 주장하는 것처럼 그리스도의 죽음의 반복이 아니라 그리스도인들이 그리스도와 함께 자신을 바쳐서 그분의 희생에 동참하는 것이라고 주장했다. 다섯째, 자국어로 미사를 드리도록 권장했다. 여섯째, 라틴어와 대부분의 의식적 등불과 분향 및 제복을 사용하면서 로마 교회의 옛 관례로 돌아갔다.

맥스웰의 지적과 같이 루터는 종교 개혁자들 가운데 가장 변화를 주저한 사람이었다. 루터가 의도한 것은 새로운 예배 의식을 만들어내는 것이 아니라 복음적 태도에 입각하여 초대 교회의 예배의 균형을 다시 찾아보고자 하는 것이었다. 루터는 1523년에 「미사와 성찬의 규례(Formula missae et communionis)」를 내놓았는데, 거기에는 중세 교회에서 행하던 많은 예전을 그대로 답습하고 있다. 찬송과 성경 본문은 독일어이나 기타 부분은 라틴어로 하도록 되어 있다. 성찬 의식에서 떡과 잔을 하나님께 제사로 드리는 부분을 위시하여 많은 부분을 삭제했으며 그 대신에 설교가 중심이 되게 했다. 1526년의 「독일 미사」에서는 중세적인 요소를 더 철저히 제거하고 라틴어의 찬송도 독일 민요 가락의 찬송으로 대치했다.

역사적인 교회 음악을 선호했던 루터는 츠빙글리나 칼빈과는 달리 오르간을 계속 사용할 뿐 아니라 성가대로 하여금 라틴어로 합창하게 했으며, 반주 없이 노래를 부를 때는 성가대가 회중의 찬송을 이끌어가도록 했다. 성가대가 없는 교회에서는 '칸토(cantor, 노래하는 자)'가 찬송을 인도했다.

종교 개혁자들 가운데서 가장 보수적이었던 루터는 미사에 있어서도 성경에 명확하게 금지되어 있지 않은 것은 어떤 것이라도 변경하기를 주저했다. 그래서 그는 성경에 금지되어 있지 않은 것을 만일 교회가 도움이 된다고 결정하면 허용하는 원칙을 제시했다.

1525년의 「독일 미사」에 실린 예배 순서를 참고하면 다음과 같다.

- 찬송 또는 시편(독일어)
- 키리에(Kyrieleison, 주여, 자비를 베푸소서)
- 기도(예배 시작을 위한 짧은 기도)

- 찬송
- 복음서(곡조를 붙여 낭송)
- 신앙 고백의 찬송(독일어)
- 설교
- 주기도(풀어서 하는 기도로)
- 성찬에 참여하는 자에게 주는 권면의 말씀
- 성찬 제정의 말씀
- 배찬(성찬을 받는 동안에 '거룩'-상투스나 찬송을 부름)
- 성찬 후의 기도
- 축도

칼빈과 제네바 교회의 예배

개혁 신학에 가장 큰 공헌을 했고 그 결과 다음 세대를 위한 예배 의식의 예식서를 만드는 데 가장 큰 영향을 끼친 칼빈이 처음 제네바에 이르렀을 때, 거기서는 츠빙글리의 형식을 따라 파렐이 만든 의식서에 의해 예배를 드리고 있었다.

칼빈이 예배에 관심을 가지기 시작한 것은 1538-1541년까지 스트라스부르에 망명하여 프랑스 회중들을 목회하던 시절이었다. 칼빈은 중세의 미사를 흉내내는 것을 싫어했다. 당시는 초대 교회의 예배에 대한 충분한 자료를 입수할 형편이 못 되었는데, 그의 예배서 「초대 교회의 관행을 따른 기도의 형식과 성례식 규례」에 따르면 그럼에도 불구하고 그가 초대 교회의 예배를 본받으려고 했다는 것을 알 수 있다.

예배는 성경적이어야 하고 신학적으로 충실해야 한다고 강조한 점에서는 칼빈이 루터보다 훨씬 더 철저했다. 루터는 성경에 의해 금지되지 않는 한 교회에서의 전통을 허용했다. 그러나 칼빈은 성경은 하나님의 법으로서 교회와 국가에서 지배적이 되어야 한다고 주장했다. 하나님에 관한 그의 원칙은 "하나님께서는 자신이 명하지 않은 것을 금하신다"는 것이다. 즉 명령받지 않은 것은 자유로이 선택할 수 없다는 것이다. 그리하여 그는 츠빙글리와 마찬가지로 교회에 건 장식과 의식의 상징과 같은 미술품들은 하나님의 영광을 깎아내리는 비성경적인 인간의 고안이라고 간주하여 제거했다.

둘째로 칼빈은 다른 종교 개혁자들과 마찬가지로 예배는 올바르면 되는 것이 아니라 이해될 수 있어야 한다는 예배 이해의 기능성을 강조했다. 이해될 수 있는 예배가 되기 위해서는 반드시 회중의 언어로 행해져야 한다는 것이다.

이 점에서는 모든 종교 개혁자들이 같은 생각이었다. 그래서 그들은 각기 성경을 번역하고 설교와 예배 의식을 자기 나라 말로 했다. 그런데 칼빈은 교회 음악에서도 회중들이 말씀을 알아들을 수 있어야 하므로 악기의 사용은 불필요한 것이라고 생각했다. 그는 단순한 멜로디를 원했으며, 교회의 오르간 사용과 대위법적인 화성의 음악을 반대했다. 또 루터와는 달리 민요나 세속 음악을 교회 음악으로 도입하는 것을 반대했다.

셋째로 칼빈은 예배는 신앙 인격의 성장, 곧 사람들의 덕성을 함양하는 것이어야 한다고 주장했다. 참된 예배는 하나님께 대한 사랑과 신뢰 및 충성, 이웃 사랑 등이 증대되는가의 여부로 판단될 수 있다는 것이다.

넷째로 예배는 단순해야 한다고 생각했다. 설교와 성례전에 예배의 중심점을 두고 새로운 예배를 구상했던 칼빈은 예배에서 불필요한 동작이나 행위 혹은 언어들은 모두 제거되어야 하며, 모든 언어나 행위 및 도구들은 그것들이 전달하고 표현하려는 내용에 적합해야 한다고 주장했다. 즉 그는 간편한 예배 순서 속에서 초기 교회가 가졌던 내용을 살리는 예배를 마련하기 원했다.

칼빈의 완전한 표준은 성경과 고대 교회의 관습이었다. 그는 단순히 미사를 설교 예배로 대치하려고 한 것이 아니었다. 그는 변질된 중세의 미사를 말씀과 성례전의 소박한 균형이 원상태로 회복된 매주의 성찬 예배, 곧 설교와 교제가 서로 정당한 위치를 차지하는 주의 만찬에 대한 축하로 대치하기를 원했다.

성만찬의 중요성을 인식하여 매주일 행할 것을 주장한 것은 칼빈의 신학의 분명한 특징이기도 했다. 그러나 이러한 그의 제안은 당시 제네바 행정관의 반대에 부딪혀 실현되지 못했다. 칼빈은 곧 당국의 허락을 받아 성만찬이 매달 한 번씩 거행되도록 했고 그후 이것은 스트라스부륵의 관행이 되었다.

성만찬의 신학에 있어서 칼빈은 루터와 츠빙글리의 중간 위치를 취했는데, 자신은 하나님의 신비하신 역사에 대해서 깊은 관심과 존경을 표하고 있으며 떡과 포도주 속에 하나님께서 갇혀 계시는 아닐지라도 적어도 이것은 하나님의 임재를 확실하게 나타내주는 상징이라고 이해했다.

칼빈의 「제네바 예식서(Genevan Service Book)」는 수세기를 내려오면서 대다수 개혁 교회의 한 모델이 되었다. 칼빈이 사용한 예배의 개요를 살펴보면 다음과 같다.

말씀의 예배식
- 성경의 글 - 시 124:8
- 죄의 고백
- 용서를 바라는 기도

- 운율의 시편
- 계시를 위한 특별 기도
- 성도의 독성
- 설교

다락방의 예배식
- 구제 헌금
- 대도
- 주기도(길게 풀어서)
- 배찬 준비(사도신경을 노래)
- 성찬 제정의 말씀
- 봉헌의 기도
- 권면
- 헌신의 기도
- 성찬 떡의 분할
- 분배
- 성찬, 그 동안에 시편이나 성경을 읽음
- 성찬 후의 기도
- 아론의 축복

이상에서 살펴본 바와 같이 칼빈의 예배 의식의 원리는 성경에서 가르치지 않은 것은 예배에 허용될 수 없다는 것과 중세 예배 의식의 많은 예식주의를 배격하고 있다. 그러면서도 칼빈은 거룩함과 질서를 보존했고 조직화된 예배 형태 및 츠빙글리의 극단적인 예배 형태에 결여되어 있는 통일성을 강조했다

츠빙글리의 예배

츠빙글리는 예배 개혁에 가장 강력한 영향력을 발휘하여 종교 개혁의 파문을 확산시키는 데 일익을 담당했다. 그의 종교적 태도는 언제나 루터보다 지성적이고 과격했다. 츠빙글리는 "종국적 권위는 크리스천 공동체요, 그 권위의 행사는 성경을 따라 정당히 행하는 조직된 정부로 통한다. 성경의 명령만이 구속력을 가졌다"고 주장했다.

따라서 예배 순서나 의식에 대한 그의 태도는 루터 계열과는 완전히 달라졌다. 그는 다른 어느 개혁자보다 예배 의식을 간소화했다. 츠빙글리의 가장 극단적인 개혁은 자신이 음악가였음에도 불구하고 예배 가운데 오르간을 비롯한 제반 악기의 사용과 시편 교독을 대신하는 회중들의 찬송을 모두 삭제한 것에서 나타났다.

그는 예배 가운데 있어야 할 가장 기본적인 요소로서 성경 봉독과 기도, 죄의 고백 그리고 설교만을 강조한 의식을 내세웠다. 그리고 루터와는 달리 미사를 예배의 규범으로 간주하지 않았고, 주님의 만찬은 1년에 4회면 충분하다고 생각했으며, 주님의 만찬은 원래 상징적이라고 믿었다.

1525년의 「독일어 예배 의식」에 있는 성찬 예배 순서는 다음과 같다.

말씀의 예배
- 성찬 준비
- 기도
- 성경 봉독(서신서에서)
- 지극히 높은 곳에서는 하나님께 영광

- 성경 봉독(복음서에서)
- 사도신경

성찬식
- 권면
- 성찬상으로 다가서기
- 주기도
- 겸손히 나아감을 위한 기도
- 성찬 제정의 말씀
- 배분(떡과 잔을 회중에게 나눈다)
- 성찬 후 시편 교독
- 기도
- 폐회

츠빙글리는 중세 교회의 교리와 의식에 대해 매우 자유로운 관계에 서 있었고, 그의 신학은 루터보다 폭 넓고 충실했다. 면죄부에 대한 그의 위치와 그것에 대항한 그의 태도는 루터보다 급진적이었다. 그러므로 츠빙글리는 로마 가톨릭 교회를 루터만큼 동정하지 않았다.

【 생각해 볼 문제 】

1. 클레멘트의 편지, 디다케, 저스틴의 '제1변증서' 등과 같은 초대 교회의 문헌을 통해 확인할 수 있는 초대 교회 예배의 모습은 어떠했는가?

2. 콘스탄티누스 대제의 기독교로 개종한 것은 기독교 역사에 코페르니쿠스적인 변화를 초래했다. 이것은 예배에 어떤 유익과 악영향을 끼쳤는가?

3. 동방 교회와 서방 교회 예배의 유사점과 차이점을 설명하라.

4. 예배시에 자국어가 아닌 라틴어를 사용하는 일은 어떻게 일어났으며, 그것은 어떤 결과를 낳았는가?

5. 종교 개혁을 초래한 중세 교회의 예배에는 어떤 문제가 있었는가?

6. 개혁 신학의 대표 주자로 일컬어지는 칼빈이 이해하는 예배의 특징을 몇 가지 열거해 보라.

7. 예배의 규정 원리에 있어서 칼빈과 루터의 견해에는 어떤 차이가 있는가?

8. 교회 예배의 영역에 있어서 종교 개혁의 공헌을 요약해 보라.

4 예배의 신학적 기초

 최상의 영광과 존귀를 받기에 합당하신 하나님께 드려지는 순종과 봉사의 행위를 예배라고 할 때, 하나님께서 기뻐하시는 예배를 드리기 위해서는 예배에 대한 신학적 이해가 우선되어야 한다. 예배는 그 자체 안에 신학을 동반하고 있으며 예배자들의 신학이 예배의 성격을 결정하기 때문이다. 그러므로 기독교적 예배가 무엇인가를 성경 안에서 바로 찾는다면 우리가 제기하는 예배의 여러 문제들은 쉽게 개선될 수 있을 것이다.
 신학 없는 예배는 불가능하며 예배 없는 신학이란 있을 수 없다. 예배와 신학은 보이지 않지만 함께 있으며, 드러나지 않지만 서로에게 결정적인 영향을 끼치는 불가분의 관계이다. 예배와 신학의 불가분리성에 대해서 레이번(Robert Rayburn) 교수는 "신학을 결정하는 것이 예배를 결정한다는 가정을 언제나 명심해야 한다"고 했고, 지글러(Franklin Segler) 박사는 "신학 없는 예배는 감상적이고 유약하며 예배 없는 신학은 냉랭하고 생명력이 없다"고 말하여, 예배에 대한 신학적 이해가 예배의 성격을 결정하고 생동력을 가져다줌을 지적했다.

교회 안에는 이미 나름대로의 신학적 이해에 기초하여 공인된 예배 형식과 전통적인 예배 형식이 공존하고 있다. 이러한 것들은 기본적으로 성경의 테두리 안에서 바람직한 예배의 신학으로 계승, 발전되어야 한다. 그러므로 그리스도인으로서 예배에 참여하는 사람은 자신이 무엇 때문에 와 있으며, 어떤 하나님을 위해 예배의 자리에 있는지를 반드시 알아야 한다.

예배 신학의 두 차원

예배에 대한 근대 신학적 해석은 크게 신비 차원의 예배방법과 성육신적 계시 차원의 예배 방법 두 가지로 나눌 수 있다. 신비 차원의 방법론자들은 예배의 핵심적인 내용은 '절대자를 인식하는 일'이라고 정의했고, 성육신적 계시 차원의 방법론자들은 '예배란 역사와 인간을 위하여 성취하신 하나님의 구속 사건을 현재에서 축하하는 행위'라고 말한다.

이 두 주장의 근본적인 차이는 이들이 본 '하나님'에 대한 이해에서 비롯된다고 할 수 있다. 신비적 방법론자들은 하나님의 존재를 공간적 시각에서 바라보려 한다. 성육신적 방법론자들은 하나님을 시간 속에 오신 예수 그리스도의 관점으로 이해한다. 그러나 계시와 신비 차원의 어느 한쪽에 치우치기보다는 조화를 이루는 것이 중요하다. 하나님은 이 두 차원 모두를 포괄하고 계시기 때문이다.

공간적 관계에서 살펴볼 때, 하나님은 무변성을 가진 분으로 모든 공간을 초월하며 동시에 그의 전존재와 함께 공간의 모든 지점에서 현존하신다(왕상 8:27 ; 사 66:1 ; 시 139:7-9 ; 렘 23:23-

24). 또 예배 계시 차원에서 보면 하나님은 어떤 한 지점이나 한 공간에 영원히 머무르는 것이 아니라 시간 속에서 새로운 역사를 창조하시는 하나님으로 이해된다. 그러므로 예배는 역사와 인간을 구속하시는 하나님의 사역을 체험하고 축하하는 일이다.

절대자를 인식하는 신비 차원의 예배 신학은 하나님의 계시와 감동하에 예배자를 둠으로써 샤머니즘의 예배 영성, 즉 현세 기복과 예배의 도구화, 소원 성취나 강복 기원 같은 거짓 예배와 영성의 오류에 빠지지 않게 한다. 반면에 성육신적 계시 차원의 신학은 불교의 영향에서 비롯된 탈역사화, 탈성령화에 대한 치료일 뿐 아니라, 유교에서 나온 한(恨)의 심리적 메커니즘이 낳은 심리적 억압을 치유하는 길이기도 하다.

다른 한편 신비 차원의 예배 신학은 지성적 합리주의에 대해, 성육신적 예배 신학은 감정주의라는 양극단뿐 아니라 예배의 연대성의 결여에 대한 해답이 된다. 합리주의적 사고와 신앙에 바탕을 둔 예배는 냉랭하고 무감동적이며 감정에 치우친 예배는 현실성을 결여하므로, 예배 인도자를 비롯한 참여자 모두는 반드시 이 두 차원의 예배 신학의 균형을 유지해야 한다.

예배의 신학적 규정

웨스트민스터 신앙 고백서에서 예배에 대한 부분을 보면 "예배는 성부, 성자, 성령 삼위 일체 하나님께만 드려야 한다"고 나와 있다. 참 예배는 삼위 일체 하나님을 중심으로 한다. 예배의 대상은 인간이나 어떤 사물이 아니라 살아 계신 창조주 하나님이시다. 하나님은 모든 인간을 창조하셨고 창조한 모든 인간을 주장하신다. 예배란 창조주에 대한 창조물의 애정 어린 응답이다.

기독교의 예배는 인격적인 하나님의 부르심과 은혜의 계시에 대한 인간의 응답이 주요 골자이다. 일반 종교의 예배는 사람이 신에게 단순히 봉헌한다는 의미가 있는 반면, 기독교의 예배는 사람과 인격적인 관계를 맺으려고 하시는 하나님의 은혜의 계시에 대해 사람이 응답하는 것이다. 그러므로 예배는 언제나 하나님 중심이 되어야 한다. 결코 인간의 감정적, 정신적 만족과 흥분을 유발시키는 인간 중심적인 것이 되어서는 안 된다.

예배의 대상은 성부 하나님이시다

하나님은 생명의 원천이실 뿐만 아니라 보존자이시다. 또한 인간의 구원을 위해서 솔선하여 주도적으로 사랑의 행동을 취해 준 분이시다. 하나님은 사람과 인격적인 관계를 맺으려고 하시는 인격적이고 영적인 존재이다(인격적인 하나님). 하나님은 우리의 창조주요, 영원하고 무한하신 분(초월하신 하나님)이며, 인간의 현실 생활에 끊임없이 임재하시는 분(편재하신 하나님)이다. 그리고 그분은 예배의 응답자로서 믿을 수 있는 하나님(신뢰할 수 있는 하나님)이시다.

하나님의 이러한 속성과 사역은 인간으로 하여금 하나님은 예배를 받으시기에 지극히 합당한 분임을 깨닫도록 하기에 충분하다. 그러므로 합당한 예배를 드리기 위해서 예배자인 인간은 하나님에 대해서 바로 알고 있어야 한다.

예배의 주체는 성부 하나님이시다. 다시 말해서 인간이 예배를 드리는 것이 아니라 성부 하나님께서 우리로 하여금 예배를 드리도록 인도하시는 것이다. 인간이 하나님을 붙잡고 있는 것이 아니라 하나님께서 인간을 붙잡고 계신다. 예배역시 마찬가지이다. 예배는 인간이 하나님을 위하여 드리는 것이 아니라 인간을 위하여 하나님께서 예배의 주체가 되셔서 인간을 통하여 예배받으시려는 것이다. 인간이 하나님을 택한 것이 아니라 하나님께서 인간을 택하셨다는 사실이 하나님께서 예배의 주체가 되시고 예배의 대상이 되시는 것을 분명히 드러낸다.

예배자가 예배의 대상인 하나님을 어떻게 이해하고 있느냐는 예배드리는 예배자의 태도의 진실성과 밀접한 관계가 있다. 하나님에 대한 예배자의 이해는 예배의 신학적 기초에 가장 근간(根幹)을 이루는 문제이다. 그러므로 성부 하나님에 대한 이해가 선행되지 않는 예배의 신학적 논의는 무의미하다.

예배의 중보자는 예수 그리스도이시다

기독교 예배의 기초는 기독론이다. 하나님은 그리스도 안에서만 발견될 수 있기 때문이다. 아담 이래로 범죄한 인간은 하나님께 직접 예배 드릴 수 있는 길이 막혀 버렸다. 그러나 말씀이 육신이 되어 우리 가운데 나타나시고, 우리와 동일한 신분을 지니신 예수 그리스도의 십자가를 통한 대속의 죽음은 하나님과 인간 사이에 막혔던 길을 다시 열어 놓았다. 그리하여 인간은 예수 그리스도를 중보자로하여 제사장을 통하지 않고서도 하나님께 직접 예배 드릴 수 있는 은총을 입게 되었다.

그리스도의 이러한 사역으로 말미암아 오늘도 우리가 예수님을 주님으로 고백하고 주님의 이름으로 기도하면, 그 어떤 매체의 도움 없이도 성부 하나님의 은혜의 보좌 앞에 담대히 나아갈 수 있는 길을 얻게 된 것이다. 하나님께 몸으로 산 제사를 드릴 수 있게 된 것이다. 그러므로 중보자 예수 그리스도를 통하지 않는 기독교의 예배는 무의미하다. 예배의 신학적 논의에 있어서 중보자 예수 그리스도에 대한 이해의 문제는 기독교의 예배를 타종교의 예배와 구별시키는 가장 독특한 것이다.

예수 그리스도께서는 그의 제자들에게 세상 끝날까지 함께하겠다고 약속하셨다. 또한 두세 사람이 주의 이름으로 모이는 곳에는 그들 가운데 있겠다고 약속하셨다(마 18:20). 이것은 그리스도께서 공예배에 항상 임재하신다는 뜻이다. 이 임재는 그리스도 자신에 의해서 특별히 약속되었다. 그리스도의 이름으로 모일 때 교회는 환상 가운데 있는 것이 아니다. 예배의 본래의 모습은 부활하신 그리스도께서 오시고 임재하시고 행동하시는 것이다.

예배의 원동력은 성령이시다

예배자는 성령의 임재와 능력을 시인하는 신앙을 요구받는다. 영적인 예배의 원동력은 성령이다. 신약 시대 이후로 예배는 의식과 형식을 넘어선 영적인 예배가 되었다. 성령은 예배 가운데 하나님의 구원 역사를 내적으로 예배자에게 증거하여 깨닫게 할 뿐만 아니라 감동시키는 하나님의 영이시다.

하나님의 구원 활동은 성령의 내적 증거를 통해서만 사람들에게 임한다(요 16:8, 14-15). 더욱이 우리를 그리스도와 같은 형상으로 변화시키고 영광으로 영광에 이르게 하는 윤리적 변화의 동인으로서 예배하고 활동하는 교회를 감독하고 인도하는 것이 성령의 역사이다. 성령은 교회를 창조하고 교회에 생명을 계속 부여하므로 성령의 능력이 없이는 교회가 존재할 수 없다. 성령의 이와 같은 사역으로 인해서 예배자는 예배 가운데 현재적인 응답을 하게 된다. 그러므로 바른 예배는 성령의 활동으로 말미암아 시작된다.

예배의 진실성 여부는 얼마나 성령의 다스림 아래 신령과 진정으로 드리느냐에 달려 있다. 하나님의 구원 사실에 대한 하나의 응답이요 축하를 예배라고 할 때, 그 놀라운 구원 사실이 절실하게 느껴지지 않는 한 예배자의 진정한 응답은 결코 있을 수 없다. 여기에 바로 예배에서의 성령 사역의 중요성이 있는 것이다. 그러므로 예배의 형태는 다양하겠지만 그 예배의 실현은 성령께 의존해야 한다는 사실을 각 예배자가 명심하고 성령의 감동과 인도하심을 예배에서 기대해야 한다.

예배는 본질적으로 공동체적인 행위이다

예배는 고립된 개개인의 행위가 아니라 교회 전체의 행위이다. 예배는 경건한 개인들의 모임이 아니라 교회의 주(主)와의 직접적인 관계 속에서 이루어지는 하나의 공동 행위이다. 서로의 개성과 하나님과의 개별적인 신앙 관계를 인정하지 않는다는 뜻이 아니다. 모든 그리스도인들은 하나님 앞에서 한 형제요 가족이라는 연대성을 인식하고 있어야 한다는 것이다.

성경은 교회를 그리스도의 몸(엡 1:23 ; 고전 12:27)이라고 했다. 그리스도는 그 몸된 교회의 머리(골 1:18)이며, 교회는 조직적 기구 이상의 것이다. 교회는 예배를 통하여 예수 그리스도의 구원 사건을 생각나게 할 뿐아니라 죄악과 사망을 이기고 부활하신 주님께서 살아서 임재하심을 증거하는 것이다.

한걸음 더 나아가 그리스도의 몸된 교회는 공동체의 행위로서의 예배라는 신진 대사를 통하여 날마다 새롭게 갱신되어 그리스도의 장성한 분량이 충만한 데까지 이르게 된다(엡 4:13). 그럴 때에 예배를 드리는 세계 교회들은 하나의 거룩한 공회로서 성도가 서로 교통하는 교회의 본질을 이탈하지 않게 된다. 그런

점에서 교회의 예배는 신학적으로 하나의 공동체적인 의미를 갖는다.

예배는 그리스도인의 전(全) 삶이다

예배란 하나님께 드리는 것임과 동시에 하나님께로부터 사명을 부여받고 세상에 나아가는 것이다. 하나님께서는 단순히 예배를 받는 존재로만 끝나지 않고 그 앞에 제단을 쌓고 있는 무리들에게 사명을 부여하신다. 따라서 예배자는 신령과 진정으로 하나님께 예배를 드림과 동시에 하나님께로부터 사명을 받아 세상 속에서 그리스도의 증인이 되며 생활 속에서 그리스도인으로 살아가야 한다.

웨스트민스터 소요리 문답 제1항은 이 모든 것을 하나의 간단한 문장으로 요약하고 있다.

"사람의 첫째 되는 목적은 하나님을 영화롭게 하는 것과 영원히 그를 즐거워하는 것입니다."

우리는 사무실이든 공장이든 우리의 일터 어느 곳에서나 하나님께 예배드릴 수 있다. 교회를 섬기는 일이나 지역 사회에 봉사하는 일, 아이를 가르치거나 양육하는 등의 가사일을 하면서도 하나님께 예배드릴 수 있다. 참 예배는 삶 속의 모든 행위와 분리될 수 없으며, 참된 삶도 예배와 분리될 수 없다.

아무리 훌륭하고 장엄한 의식으로 하나님께 예배를 드릴지라도 예배자의 삶이 하나님의 뜻에 합당하지 않다면 그 예배는 하나님을 기쁘시게 하는 진정한 예배가 될 수 없다. 여기에 바로 그리스도인의 삶과 유리되지 않는 예배의 신학적 연속성이 있다.

【 생각해 볼 문제 】

1. 모든 예배자들은 하나님께서 기뻐하시는 산 제사를 드리고 싶어한다. 그런데 하나님께서 기뻐하시는 예배를 드리기 위해서는 필수적인 요소가 있다. 그것은 무엇인가?

2. 예배에 대한 신학적 해석은 크게 신비주의적 차원과 성육신적 계시 차원으로 나누어진다. 이 두 주장의 근본적인 차이는 무엇인가?

3. 기독교 예배의 주요 골자는 무엇인가?

4. 예배의 신학적 특징 다섯 가지를 열거해 보라.

하나님은 영이시니 예배하는 자가
영과 진리로 예배할지니라
(요 4:24)

5 예배와 성례

 개혁 교회의 전통은 기독교 예배에서 중요한 네 가지 요소를 강조한다. 십계명 중 넷째 계명을 해설함에 있어서 하이델베르크 신앙 문답(Heidelberg Catechism)은, "교인들은 하나님의 말씀을 듣기 위하여, 거룩한 성례에 참여하기 위하여, 공적으로 주님께 간구하기 위하여 그리고 가난한 자들을 돕는 일에 기독교 정신으로 기여하기 위하여 특히 주일 공동 예배에 열심히 참석해야 한다"(문답 103)라고 가르친다.

 기독교 예배의 요소들은 하나님의 말씀과 성례와 기도와 친교의 삶에 대한 의식적 증거라고 할 수 있다. 말씀과 성례는 기독교 역사의 시초부터 분리될 수 없는 관계를 가진 은혜의 방편들이다. 말씀은 절대적으로 필요하나 성례는 그렇지 않으며, 말씀은 신앙을 일으키고 강화하나 성례는 신앙을 강화하는 데 유용하며, 말씀은 온 세계로 전달되나 성례는 오직 믿는 자들에게만 베풀어진다.

 현대 개혁 신학자들의 이러한 주장이 예배에서 말씀이 가장 우선적이요 성례는 부차적임을 의미하는 것은 아니다. 기독교 예배에서 말씀과 성례는 동등하며 양자는 불가분의 관계임을 알아야 한다. 하이델베르크 신앙문답은 성례는 복음의 약속을 더 잘 이해하도록 하는 보이는 표시(Signs)요, 보증(Seals)이라고 가르치고 있다.

성례는 교회를 위한 것으로서 칼빈이 말한 대로 하나님의 약속에 대한 표시요 보증이 된다. 칼빈은 「기독교 강요」에서 성례를 정의하기를 "우리의 신앙의 연약함을 떠받치기 위하여 하나님께서 선의의 약속을 우리의 양심에 인치신 외적인 표"라고 했고, 또 "의미에 있어서 거룩한 것의 보이는 표요, 또는 보이지 않는 은혜의 보이는 형식이라고 어거스틴이 정의한 것과 다르지 않다"고 했다.

실로 세례는 우리가 씻음받음과 깨끗하게 되었음을 증명해 주고, 성찬은 구속되었음을 증거해 주므로 성례는 말씀이 육신이 되신 그리스도를 우리에게 보여 주는 것이다. 그런 의미에서 성례를 어거스틴은 '보이는 말씀'이라고 하였다.

성례의 중요성

세례와 성찬의 성례는 구원받은 그리스도인 안에서 역사하시는 하나님의 은혜의 방편이다. 기독교 예배는 두 가지 요소, 말해진 어떤 것(Something Spoken:legomenon)과 행해진 어떤 것(Something done:dromenon)의 융합으로 구성되어 있는데 이 양자는 계시와 구원에 대한 동일한 하나님의 말씀인 동시에 그 융합이다. 여기서 후자는 성례를 의미하며 그것은 하나님의 은혜를 전달하는 '보이는 말씀'이다. 성례는 하나님의 용서와 은혜의 복음을 구체화하고 설명한다. 따라서 주도적 역할을 하는 것은 하나님의 행위이지 결코 예배자들의 경험이 아니다.

"기도는 우리가 만든 선물이며 희생제이다. 그러나 성례는 하나님께서 만드신 선물이며 희생제이다. 그러므로 우리는 기도를 통해 하나님께 나아가며 하나님께서는 성례를 통해 우리에게 찾아오신다"는 포사이드(P.T. Porsyth)의 말은 성례의 중요성을 잘 표현하였다.

세례에서 가장 중요한 것은 우리의 봉헌이나 믿음이 아니라 거듭나게 하시는 하나님의 주권적 은총이다. 그리고 성찬에서 가장 중요한 것은 떡을 떼는 것과 포도주를 붓는 수단을 통하여 예배자들에게 자신을 떼어주시는 그리스도이다. 그렇다고 성례에서 인간의 역할이 중요하지 않다는 의미는 아니다. 인간의 구원 사역에 있어서 언제나 하나님의 주권적 역사하심이 제일이요, 인간의 행위는 부차적인 것과 같이 성례에도 그러하다는 의미이다. "너희는 그 은혜에 의하여 믿음으로 말미암아 구원을 받았으니 이것은 너희에게서 난 것이 아니요 하나님의 선물이라"(엡 2:8).

예배자들이 믿음으로 참여할 때에 성례 등은 하나님께서 그들 안에서 역사하시는 은혜의 방편이 된다.

성례는 그리스도인의 공동체 의식을 재확인하는 것이다. 세례와 성찬의 성례를 통하여 예배자들은 그리스도와 하나 되는 경험과 함께, 그리스도의 몸인 신앙 공동체의 성원으로서 성도의 교제를 통하여 신앙 공동체 안에서 서로 덕을 세워나갈 수 있다.

세례를 통하여 우리는 그리스도의 몸인 교회에 연합되어 공동체 안에서 새로운 사랑의 관계를 가지게 된다. 그리고 성찬을 통하여 우리의 심령을 양육하고 신앙을 강화하며 교회 안에서 사랑의 관계를 지속할 수 있게 된다.

성례의 어원과 신학적 의미

성례란 무엇인가?

'성례'는 '신비' 또는 '비밀'이란 뜻의 헬라어 뮈스테리온 (μυστήριον)에서 그 어원을 찾을 수 있다. 이 말은 이방 종교에서 행한 신 앞에 목숨을 바쳐 충성을 맹세하는 서원의 의식을 의미하는데, 특히 로마 군인들의 맹세 의식에서 사용되었다고 한다.

교회의 역사에서 이 단어를 맨 처음 사용한 사람은 3세기경 로마 교회의 교부인 터툴리안(Tertulliian)으로 알려져 있다. 그가 그리스도를 위하여 목숨을 바치기로 약속한 후 세례를 받고 성만찬에 참여하는 예전을 가리켜 거룩한 예식, 곧 성례라고 칭했는데 그 이래로 기독교 예전의 전문 용어가 된 것이다.

성례는 세례와 성찬으로서 주 예수 그리스도께서 친히 제정하신 것이다. 세례와 성찬은 예수님께서 십자가에서 죽으심으로 우리를 구속하시고, 죽은 자 가운데서 부활하셔서 우리에게 영원한 생명을 주시는 구원의 사실에 근거하고 있다. 세례와 성찬 모두 그 구원의 사실을 일깨워주며 구원의 참 내용을 표상하는 징표이다. 칼빈의 정의에 따르면 성례는 단순하면서도 내용을 가진 개념으로서 하나의 외적인 징표인데, 주님께서 우리 마음에 세우신 언약을 그것으로써 인치셔서 우리 신앙이 연약하게 될 때 보호하시며, 주님께 대한 우리의 신앙을 천사들과 사람들 앞에 증거하시는 것이라고 한다.

세례는 신자가 기독교 신앙에 입문할 때 단 한 번 받는 반면에, 성찬은 평생토록 계속한다. 세례는 예수 그리스도로 말미암아 의롭다 함을 받는 일 즉 칭의와 부응하는 의식이며, 성찬은 그리스도 안에서 날마다 성결한 생활을 하며 새롭게 되는 성화에 부응하는 의식이다. 우리는 세례와 성찬이라는 두 의식을 통해 우리 죄를 사하기 위하여 피 흘리신 예수 그리스도의 죽음을 기념하는 것이다.

그리스도 밖에 있던 한 사람이 로마 황제에게 바치던 모든 충성을 버리고 그리스도를 생명의 주님으로 모시기로 약속하고 그 거룩한 성만찬에 참여하는 것은 하나의 신비한 변혁으로 해석되는 대사건이었다. 이러한 변화를 포함하여 병든 자가 고침을 받는 일과 같은 성만찬 앞에서의 많은 이적들은 성도들에게 성례전을 하나의 신비한 사건으로 인식하게 했고 많은 사제들도 그러한 입장에서 집례를 하게 되었다.

그러나 어거스틴은 성례전이란 신비한 기적을 일으키는 예식이 아니라 인간의 구원과 불가시적인 하나님의 신비한 진리를 설명하는 말씀 속에서 보여지는 가시적 기적의 표적이라고 설명했다. 그로부터 성례전은 더 이상 신비의 상징이나 추상적인 이름으로 이해되지 않았고, 순수한 세례와 성찬의 예전 속에서 그리스도와 하나되는 경험과 함께 하나님을 만나는 엄숙한 예전으로 이해되었다.

성례의 신학적 의미

로마 가톨릭 교회는 초대 교회에서 세례와 성찬을 통해 그리스도와 연합하고 하나님을 만나는 신적인 구원의 은혜를 경험한 일에 근거하여, 성례를 신적인 은혜가 역사하는 교회적인 사건과 수단으로 이해했다. 그리하여 교회의 예식으로서 세례와 성찬을 비롯하여 고해, 견진, 혼인, 장례, 서품 등 일곱 가지 성례를 만들었다.

이처럼 로마 가톨릭 교회가 일곱 가지 성례를 주장하는 반면, 종교 개혁자들은 예수님께서 직접 행하도록 명하신 성경 말씀에 근거하여 제정된 성례로서 세례와 성찬만을 받아들이게 되었다. 즉 성례를 그리스도를 통한 구원의 현재적인 역사를 묘사하는 은혜의 수단으로 보았던 것이다. 그러므로 성례의 중심은 그리스도의 활동에 있다고 하겠다.

　성례는 그리스도의 인격, 그의 보내심, 그의 현재적 활동의 계속적인 수단으로 믿음을 불러일으키는 근본이며, 교회를 통해 그리스도의 구원이 전파되고 중재되게 하는 수단이다. 이러한 성례전은 인간 주도의 예전이 아니고 주님께서 주관하시는 예전으로서 대체로 다음과 같은 신학적 의미를 가진다.

　첫째, 성례전이란 모든 예배자들에게 하나님의 은혜를 전달하는 '보이는 말씀'이다. 세례나 성만찬의 예전 가운데서 보여주시는 모든 것의 근본 뜻은 예수 그리스도 안에서 하나님의 은혜가 어떠한 것인지를 새삼 느끼도록 전달하는 것으로서, 인간이 그 주도적 역할을 하는 것이 아니라 오직 하나님께서 우리를 찾아와 주시는 깊은 의미가 담긴 예전이다. 곧 하나님의 임재와 역사의 표지이다.

　이러한 의미를 포사이드는 "기도는 우리가 만든 선물이며 희생제이다. 그러나 성례는 하나님께서 만드신 선물이며 희생제이다. 그러므로 우리는 기도를 통해 하나님께 나아가며 하나님은 성례전을 통하여 우리에게 찾아오신다"고 정확하게 지적한 바 있다. '하나님께서는 찾아오시는 예전'이라는 그의 설명은 성례전의 본래적 의미를 잘 표현하고 있다.

　그러므로 성례전은 예배의 어느 순서보다 정중히 임해야 하며 주님 앞에 서 있는 엄숙성을 실감해야 한다. 그리고 세례와 성만찬은 인간이 제정하거나 조작할 수 없다는 확고한 신학의 정립이 요구된다.

둘째, 성례전은 하나님의 은혜의 선포와 예배자들의 진지한 응답이 나타나는 현장이다. 세례를 받는 의식이나 성만찬의 참여를 통해 사람들은 하나님의 은혜가 죄인된 우리 인간을 향해 선포되는 것을 쉽게 느낄 수 있다. 그때 우리 인간은 무릎을 꿇고 죄인 됨을 고백하고 주님을 영접하겠다는 뚜렷한 응답을 보일 수 있다. 그리고 주님의 살과 피를 나누는 예전에 참여하면서 죄인을 사랑하셔서 희생하신 주님 앞에 감격적인 감사의 응답을 드리게 된다. 이 때의 응답은 단순히 인간의 감정을 나타내는 것이 아니라 성례전적(sacramental) 결단의 응답이 나타나게 된다.

셋째, 하나님께서는 성례전을 통하여 사랑의 실체로서 자신을 우리에게 주신다. 하나님이 세상을 사랑하셔서 모든 영광을 버리고 육신으로 이 땅에 찾아와 스스로 귀한 목숨을 십자가 위에서 희생하고 부활하셨다는 사실은 모두가 믿는 신앙의 내용이다. 이 거대한 사랑의 실현이 단회적으로 2천 년 전에 끝난 것이 아니라 "하나님은 사랑이시라"(요일 4:16)는 실천적 표현을 우리의 눈으로 볼 수 있도록 역사하는 현장이 바로 성례전이다. 세례 자체가 하나님의 사랑의 임재가 발생되는 사건이며 성만찬의 예전이 오늘도 스스로 몸을 찢고 보혈을 흘리시는 희생적 사랑의 재현인 것이다. 이 모두는 주님의 희생을 강조하려는 것이 아니라 오늘도 우리를 찾아와 그 자신을 우리에게 주시는 하나님의 사랑을 나타내는 것이다.

넷째, 성례전은 성도들의 공동체 의식을 재확인하는 예전이다. 성례는 하나님의 역사와 활동의 상징적인 수단으로서, 이 의식에 참여한 모든 사람들은 그리스도와 하나됨에 동참하는 것이며, 하나님과 연합하는 신비로운 은혜의 사건이 되는 것이다. 성례가 하나님께서 찾아주시고 인간이 응답하는 수직적인 관계인 것이 사실이지만, 하나님께서는 이 성례를 통해 개인의 신앙을 살피는 동시에 하나님의 백성이라는 공동체를 대상으로 하신다. 즉 하나님께서는 성례 가운데 찾아오신 하나님의 사랑의 실체를 수평적으로 확산시켜 나가기를 원하신다.

이런 의미에서 제임스 화이트 같은 예배 신학자는 "공동체 안에서의 성례가 모든 그리스도인들에게 믿음과 소망과 사랑을 일으켜나가게 한다"고 말한 바 있다. 이러한 신학적 의의는 초대교회가 그 잔인한 핍박을 견딜 수 있는 위로와 용기를 성례를 통해 얻게 되었다는 기록에서도 충분히 찾아볼 수 있다.

끝으로, 화육적(Incarnational Respect) 관계 형성이 성례를 통해 계속적으로 다짐되어야 한다. 이미 주님께서는 "내 살을 먹고 내 피를 마시는 자는 내 안에 거하고 나도 그 안에 거하나니"(요 6:56)라고 말씀하셨다. 이처럼 성례의 사건이 개개인에게 화육적 관계를 맺지 못한다면, 그리스도와의 상관 관계를 연속시키지 못하고 살아가는 것에 불과하게 된다. 그러므로 성례 속에서 받은 인치심과 말씀과 성물은 반드시 참여자의 화신이 되는 전인적 변화로써 지속되어야 하며, 이 때 성례가 구속 사건의 연장으로서 가치를 가지게 된다.

성례는 한 인간을 그리스도의 사람으로 변화시키고 그 새로운 차원의 세계에 머물게 하는 신비한 위력을 갖고 있는 예전이다. 그러므로 우리는 이 현장을 하나님께서 주도하시는 예전이라고 부르며 그리스도와의 연합이 이룩되는 현장이라고 부른다.

세례의 신학

세례는 기독교 초기 시대부터 교회에 입회하는 의식이 되었다. 칼빈은 "세례는 우리 교회의 친교를 허락하는 입회의 표요, 이것으로 말미암아 그리스도에게 접붙임을 받아 우리가 하나님의 자녀가 되는 것이다"라고 정의했다. 기독교 공동체는 복음의 선포를 통하여 삶으로 부름을 받듯이 세례를 통하여 메시아적 자유로 부름을 받는다. 곧 기독교 공동체는 세례를 통해서 한 인간의 삶 속에 하나님의 통치의 시작을 실증하고, 그 통치의 미래를 향한 공통적 회개를 실증한다.

세례 의식의 역사
초대 및 중세 교회의 세례 의식

기독교에서 행하는 세례 의식은 기본적으로 예수님의 명령(마 28:19)에 근거를 두고 있다. 그러나 이 세례가 예수님에 의하여 처음으로 시작되었거나 제자들에게 명령된 것은 아니었다. 또한 세례 요한이 광야에서 베풀었던 세례도 요한의 순간적이고 즉흥적인 새로운 방법은 아니었다.

세례의 사상이나 사역은 일찍이 구약의 유대 민족의 종교 생활 가운데 이미 존재했던 것이다. 물을 사용해서 하나님 앞에 깨끗함을 보이고 제단을 쌓는다거나 하나님께 나오는 무리들이 물로 씻는 정결 의식을 거친 후 새로운 공동체의 일원이 되는 종교적 행사를, 구약이나 후기에 나타난 그들의 종교 생활 가운데서 많이 발견하게 된다. 세례 의식이 실제로 어떻게 진행되었는지를 신약 성경에서 직접 알 수는 없다. 하지만 이방인과 유대 종교는 이미 인간의 청결이나 죽음과 새 생명으로의 부활을 상징적으로 묘사하는 형식으로 세례와 비슷한 것을 나타내는 의식을 가졌던 것으로 보인다.

① 원시 세례

세례의 원시적 형태는 다음 몇 가지로 구분할 수 있다.

먼저, 하나님 앞에 나아갈 때나 거룩한 예전에 참여할 때는 반드시 물로 깨끗이 씻는 의식을 가졌다. 이것은 단순히 깨끗함을 보이고자 하는 인간의 자의적인 행동이 아니라 하나님의 명령이라는 점에서 주목된다.

예를 들면 아론이 제사장으로서 제단을 쌓고 지성소로 들어갈 때 '거룩한 곳에서 물로 몸을 씻고' 자기 옷을 입고 나와서 번제와 희생제를 드리게 했던 것(레 16:24)이나 일반 백성들에게 부정한 몸은 반드시 씻도록 하는 명령(레 15:5-12)을 하나님께서 하셨다. 이러한 율법의 제정은 곧 유대 민족의 종교심 속에 깊이 뿌리를 내리게 되어 나중에는 모든 죄와 더러움을 씻어 보이는 의식으로 강조되었다.

이러한 정결 의식에 관한 사상은 에스겔의 예언에서 더욱 분명하게 나타난다. 에스겔 36장 25절의 "맑은 물을 너희에게 뿌려서 너희로 정결하게 하되 곧 너희 모든 더러운 것에서와 모든 우상 숭배에서 너희를 정결하게 할 것"이라는 선포에서 '물'과 '정결'의 관계를 뚜렷하게 보여준다. 그리고 후기의 선지자 말라기에 와서는 이러한 정결 의식이 메시아의 도래 전에 한 예비자(세례 요한)에 의하여 계속될 것이 예언되었다(말 3:1).

둘째로는 쿰란 공동체에서 가졌던 세례 의식이다. 이들 공동체가 갖는 특징 중의 하나는 이스라엘 백성 가운데 계속 내려왔던 '정결을 위한 물의 사용'이라는 차원을 넘어 그 '공동체에 가입하기 위해서 세례를 정식 의식으로 거행했다'는 것이다. 이

때의 세례는 먼저 죄의 회개를 촉구했으며, 다음으로는 하나님의 선택받은 무리로서 그 공동체의 일원이 되는 것을 상징했다. 이들의 세례는 세례 요한의 세례의 줄기가 되었고 이후 기독교 세례의 출발점이 되었다고 볼 수 있다.

셋째로 유대교로 개종하는 이방인들에게 주었던 세례가 있었다. 이때의 세례는 단순히 개종자들을 물로 깨끗케 하는 정결 예식(the act of ritual purification)에서 끝나지 않고 영과 육을 이스라엘의 하나님께 바치는 성례전적 성격을 포함한다. 이러한 유대교 의식은 예수님의 공생애 이후까지도 활발하게 진행되었다는 사실이 연구 결과 밝혀짐으로써 예수님께서 명령하신 세례의 기본 뜻이 더욱 뚜렷해지게 되었다.

다시 말하면 복음의 전파와 확장을 유대인들에게만 국한하지 않고 '사마리아와 땅 끝까지' 전개해 갈 것을 명령하셨던 예수님께서 개종자들에게 세례를 베푸신 것은 기독교의 입교 의식으로 자리잡았고, 이는 기독교라는 새 공동체 형성을 위한 훌륭한 방편이 될 수 있었다는 것이다. 앞으로 복음을 받아들일 이방인들에게 좀더 철저한 회개와 신앙의 표현, 헌신을 다짐하는 세례 의식을 갖게 함으로써 그리스도 앞에 하나의 사명적 존재로서 인침을 받게 하는 것은 기독교의 출발과 과정에 부합하기 때문이었다. 그래서 신학자 머레이는 "기독교 세례의 신학과 형태는 유대교의 개종자 세례의 형태와 신학에 기인한다"고 말했다.

끝으로 세례 요한에게서 기독교 세례의 근원을 찾아볼 수 있다. 요한의 사역은 단순히 유대교의 개종자에게 행하던 세례의 의미를 넘어선 적극적인 회개 운동으로써 메시아이신 예수님을 영접할 수 있는 길의 안내가 되었다. 이 세례는 유대교의 세례 형태에 새로운 내용과 의미를 부여한 것으로서 곧 예수님의 사역 출발점이 되었고 그 후 기독교 공동체의 소중한 성례 의식이 되었다.

② 예수님과 사도들의 세례

먼저 예수님께서 세례 요한에게 세례를 받으셔야 했던 의미를 생각해 보자. 첫째로, 하나님께로부터 보냄을 받은 선지자 요한을 통하여 모든 사람 앞에서 예수님의 정체성을 선포하기 위함이었다. 세례 요한이 세례를 받으러 오신 예수님을 보고 "세상 죄를 지고 가는 하나님의 어린양"(요 1:29)이라고 한 것은 곧 예수님의 실체와 그 사역의 성격을 분명하게 해준 것이었다.

둘째로, 예수님께서 세례를 받는 순간에 "너는 내 사랑하는 아들이라"(막 1:11)는 분명한 하나님의 음성을 통하여 만인에게 예수님의 신분을 확인시켰다. 이것은 오늘날 세례에서 그리스도를 통하여 하나님의 자녀가 되는 것을 확인하는 것과 그 맥락을 같이한다.

셋째로, 세례를 받음으로써 이전에는 인성만을 보이셨던 예수님께서 성령의 임재를 통해 신성과 인성을 동시에 소유한 메시아로서의 존재를 확인시켰다.

또 우리는 예수님께서 세례에 대해서 어떻게 이해하고 있으며 무엇을 말씀하셨는지에 대해서도 살펴볼 필요가 있다. 예수님께서는 세례를 새롭게 이해하고 있었을 뿐 아니라 최종 명령으로 언급하셨다. 그는 세례 요한으로부터 받은 과거 사건으로서의 세례보다 새롭게 다가올 미래 사건을 가리키는 것으로 세례를 언급했는데, 그 내용은 십자가 수난 곧 오스카 쿨만의 말대로 메시아와 수난의 종으로서 그 자신이 행동적으로 받을 세례를 예언하셨다.

또 예수님께서는 마태복음 28장 19-20절에서 복음의 전파와

삼위 하나님의 이름으로 세례를 주도록 명령하셨다. 이 명령은 전혀 새로운 것으로서 성부 성자 성령의 이름으로 세례가 베풀어져야 되다는 사실과, 복음을 받아들이는 무리들에게 예수 그리스도의 인치는 예전으로 지켜나가야 할 의무임을 가르쳐준다.

③사도들과 초대 교회의 세례

예수님의 명령을 받은 사도들은 사도행전 곳곳에서 보이듯이 세례의 사역을 행했다. 이것이 최초로 나타난 곳은 사도행전 2장의 베드로 설교에서이다. "너희가 회개하여 각각 예수 그리스도의 이름으로 세례를 받고"라고 베드로는 명령했고 이에 유대인 3천여 명이 세례를 받아 새로운 공동체를 형성하게 되었다. 그리고 이 사건은 단회적이 아니라 계속 확산되었다.

사도들에 의해 행해진 세례 사역의 의미는 우선 그들이 '주 예수의 이름으로' 세례를 주었다는 데 있다. 그들은 단순히 형식적으로 이름을 사용하지 않고 예수님을 구주로 영접하는 자에게 세례를 주었다. 그리고 사도들은 세례를 통하여 하나님의 은총에 의한 죄의 용서를 선언했다. 이것은 세례를 받는 사람에게 과거 유대의 정결 의식에서보다 더 큰 의미를 주었고, 이후의 성령 체험으로 인도했으며, 새로운 기쁨을 소유하고 삶의 목표를 함께 추구하는 공동체의 일원으로 받아들여지는 자격을 주었다.

또한 사도들을 통해 받은 세례에는 주님께 대한 헌신의 의미가 주어졌다. 이것은 그리스도의 증인으로서 자신의 삶을 바치고 복음 전파를 비롯한 교회의 봉사자로 그 출발을 다짐하는 것이었다. 그러므로 세례를 받은 무리들은 새로운 공동체 세계에서 참 기쁨을 향유했으며 그리스도의 강력한 증인으로 살았다.

이와 같이 사도들이 가졌던 세례의 의미는 기독교의 새로운 전통으로 확립되었으며, 기독교가 확산됨에 따라 세례의 성례

의식이 거행되었다.

종교 개혁 이후

종교 개혁자들은 세례의 일차적인 의미가 '씻는다'는 것임에도 불구하고 복잡한 의식으로 인해 본래적인 의미가 상실되었음을 안타깝게 생각하여 그 의미를 드러내려고 하였다. 개혁자들에게 세례는 하나이며, 물 세례는 사람을 내적으로 정결케 하는 성령 세례를 표상으로 하는 외적인 징표였다.

그리하여 루터로부터 독립된 세례 의식과 성찬이 개혁 교회에 나타났고, 츠빙글리와 칼빈의 종교 개혁은 로마 가톨릭 교회의 의식 중심의 상징적인 것에서 완전히 벗어난 새로운 예전을 만들려고 했다.

세례의 본질적인 의미와 신학

개신교의 예배에서 세례를 성만찬과 함께 소중한 성례전으로 지키게 된 것은 특유의 의미가 있기 때문이다. 그러나 오늘날 교회는 본래적인 세례의 의미를 강조하지 않은 채 단순히 하나의 의식으로서만 가볍게 지나쳐 버리는 경향을 보여주고 있다. 그 결과 세례 교인임에도 불구하고 교회를 부담없이 떠나는 일을 비롯하여 하나님 앞에서의 약속이 전혀 이행되지 않고 있다.

세례는 죄의 용서, 인치심, 성령의 부여, 예수님의 죽음과 부활에 참여함 그리고 그리스도의 몸에 연합함 등 다양한 의미를 가진다.

세례란 무엇인가에 대한 정의에는 많은 신학자들이 동일한 입장을 취해 왔고 그 중요성에 대해서도 공통된 견해를 가지고 있다. 대표적인 견해로는 칼빈의 "세례는 우리 교회의 친교를 허락하는 입회의 표요, 그리스도에게 접붙임을 받아 하나님의 자녀가 되는 것이라"는 정의가 있다. 폴 틸리히는 "세례란 영적인 공동체에 참여하는 한 인간의 결단"이라고 하면서 이러한 인간을 가리켜 '새로운 존재(New Being)'라고 했다.

세례는 한 인간의 결단에 의해 주어지는 단순한 사건이 아니라 하나님께서 그 아들 예수 그리스도를 통하여 취하신 절대 주권의 표시이며 인치심(seal)이라는 신 주도적(神主導的) 입장을 취한다. 이러한 하나님 중심의 신학적 해석을 토대로 존 맥쿼리(John Macquarrie) 같은 학자는 세례를 구원론의 단계에 속한 하나의 과정으로 보면서 죄의 인정과 회개, 칭의, 성화 그리고 선택의 순간으로 해석했다.

세례를 좀더 구체적으로 우리의 실제 삶과 연관시켜 보면 몇 가지 의미를 새롭게 찾아볼 수 있다.

첫째로, 세례는 예수 그리스도의 사람이 되는 결정적인 사건이다. 세례는 그리스도와의 연합을 공적으로 시인하고 그와의 연접을 적극적으로 표현하는 성례전이기 때문이다. 다시 말하면 세례는 그리스도와 연합된 새로운 몸으로서의 출발을 다짐하고 공표하는 것으로서 적극적으로 그리스도의 사람이 되게 하는 것이다.

둘째로, 세례는 자신의 죄를 회개하고 하나님의 용서를 받는 예전이다. 세례를 받을 때에 개인적으로 전제되는 일은 내적인 회개와 예수님과 그의 복음을 믿는 일이다. 죄의 회개를 수반하지 않는 세례는 진정한 의미에서 세례라고 할 수 없다. 초대 교회 당시에는 세례를 받기 위해서 며칠간 금식하면서 준비할 정도로 회개가 강조되고 우선되었다.

세례는 물로 씻음을 의미한다. 그것은 인간의 죄에 대한 씻음이다. 그러나 단순히 물의 세례가 죄의 용서를 가져오는 것이 아니라, 그 물은 그리스도께서 흘린 보혈을 상징하고 그 보혈에 의해서 죄씻음을 받는다는 신앙의 고백이 우선되어야 한다.

셋째로, 세례는 새로운 피조물의 탄생을 의미한다. 새로운 피조물은 예수 안에서 새 삶을 시작한다. 이 새로운 삶은 세례 의식에 의해서 시작된다기보다는 그 가운데 임재하시는 성령의 역사로 인해 변화된 새로운 생을 출발하게 됨을 의미한다. 따라서 세례란 '성령의 선물'이라고 말할 수 있다. 이것을 칼빈은 "새 생명으로 인간을 재형성시키는 성령의 은혜"라고 말한다. 또한 사도 바울은 골로새서 2장 12절에서 "죽은 자들 가운데서 그를 일으키신 하나님의 역사"라고 표현했다.

넷째로, 세례는 기독교 공동체의 일원이 되게 한다. 세례에 임한 자는 그리스도 안에서 하나님의 부르심을 받은 자이며, 택함 받은 하나님의 백성이다. 이것은 할례가 옛 언약에서 하나님의 백성으로 한 지체가 되는 연합을 의미하듯 이제 새 언약에 근거하여 세례를 통해 그리스도의 몸의 지체로 연합하는 것이다. 세례를 받은 자는 그리스도인으로서 공동체에 하나되는 자격을 얻게 되며 그리스도인이라는 증거를 가진다. 그리고 이때에 비로소 그리스도와의 교제와 연합을 의미하는 성만찬에 참여하게 된다.

이것은 목회 현장에서 실제의 실천적 의미라고 할 수 있다. 대부분의 교회에서는 목사가 세례받는 사람들에게 교회의 신실한 일원이 되고 헌신과 복종을 통하여 주님의 몸된 교회를 섬겨 나갈 것을 약속하도록 규정하고 있다. 세례를 받지 않으면 공동체의 일원으로서 인정을 받지 못하며, 교회를 통한 권리와 의무 수행에 책임이 부여되지 않는다.

세례는 오직 그리스도만을 섬기는 사람들의 일원이요 그리스도를 머리로 하는 공동체의 삶을 확인하는 것이어야 한다. 그때 우리는 "세례를 받은 자는…… 유대인이나 헬라인이나 종이나 자유인이나 남자나 여자나 다 그리스도 예수 안에서 하나이니라"(갈 3:27-28)는 말씀의 의미를 확인할 수 있게 된다.

유아 세례와 입교 의식

'누가 세례를 받을 것인가' 라는 문제에 대하여 개종한 성인의 세례에 대해서는 기독 교회의 모든 전통적 교파에서 이의가 없다. 그러나 어린아이들에게 세례를 주는 것에 대해서는 개신교 내에서 여러 가지 견해가 있다.

기독교의 역사와 전통은 어린아이들도 그리스도를 통한 구원의 은혜를 입어야 할 자로 여겨 일찍이 그리스도의 세례를 베풀게 했다. 유아들의 세례는 부모의 신앙에 근거하여 자녀를 하나님의 자녀로 알고 믿음 안에서 자라도록, 기독교 신앙의 가르침과 양육이 전제된 가운데 세례를 받도록 하는 것이다.

유아 세례는 기독교의 오랜 전통뿐 아니라 성경에서도 그 근거를 찾아볼 수 있다. 특히 유아 세례는 계약의 원리에서 추론하고 있다고 하겠다. 하나님께서 아브라함을 불러 그의 백성으로 삼고 언약의 백성이 되게 하신 역사적 사건 속에서 아브라함의 자녀들은 난 지 8일 만에 할례를 받아 하나님의 백성 된 표를 삼았다(창 17:9-10). 이러한 은혜 언약은 구약과 신약에서 동일한 영적 언약이었고 그것의 표징인 할례와 세례도 영적 의미에서 동일하기 때문에, 구약에서 어린아이들이 할례를 받았으니 새 언약의 세례 역시 어린아이들이 받는 것이 당연하다. 또한 세례는 유형 교회에 가입하는 증표이므로 할례와 마찬가지로 어린아이들도 받아야 한다.

둘째로, 사도 시대에 온 가족이 함께 세례를 받은 사건(행 11:14, 16:15, 33, 18:8 ; 고전 1:16 ; 딤후 1:16)을 근거로 많은 학자들은 그 가족에 속한 어린아이들이 세례를 받았다고 주장한다.

이러한 성경적 근거는 유아 세례의 정당성을 증거한다. 그러나 침례교파의 예배 신학자 프랭클린 지글러 박사는 "구원은 개인의 신앙 경험에 기초하므로 유아 세례는 기독교 신학에서 설 자리가 없다"고 말하며, "교회와 부모는 자녀를 봉헌하고 훈련시킬 책임이 있으나 자녀를 위하여 구원하는 믿음을 대행할 수는 없다"고 했다.

그러나 이는 세례에 대해 잘못 이해하고 있는 것이라 하겠다. 세례는 봉헌이 아니며, 세례에 있어서 무엇보다 중요한 것은 사람의 신앙 고백이 아니라 하나님의 은총으로, 세례는 하나님 주도 행위이다. 대부분의 기독교 교파에서는 유아 세례의 필요성을 적극 고수하고 있다. 비록 어린아이들이 성례전의 의미와 내용을 모른다 하더라도 그리스도의 몸에 연합시키는 것은 깊은 의미를 가진다고 하겠다. 그리고 기독교 공동체 속에서 성장하며 그 안에서 그리스도의 인친 몸임을 스스로를 깨달아가도록 하는 것은 매우 가치 있는 일이다.

그러나 무엇보다 중요한 것은 자녀들이 성장하여 분명한 신앙 고백을 하도록 해야 한다는 것이다. 이 때문에 유아 세례는 무엇보다 부모의 신앙과 그들의 책임 있는 서약에 깊은 관심을 두어야 한다. 박윤선 박사는 유아 세례시에 부모에게서 확인할 신앙의 정도를 다음과 같이 설명한다. 첫째 그리스도의 피로 씻음과 성령의 새롭게 하심에 대한 신앙을 알아볼 것, 둘째 구원은 하나님과 그리스도로 말미암음에 대한 믿음을 알아볼 것, 셋째 자녀를 하나님께 바칠 것과 그 자녀를 위해 기도하고 주님의 교훈으로 가르칠 만한지 알아볼 것.

부모는 자녀들이 신앙 안에서 자라도록 돌보고 교육해야 한다. 이런 교육 과정이 끝나면 부모의 신앙에 의해 받은 세례를 이제 자신의 신앙 고백으로 스스로 책임지고 받아들이는 견신례(confirmation)라는 의식을 행한다.

견신례는 대개 만 15세에 이를 때 입교 문답이라고도 하는 장년 세례와 동일한 문답을 하며 서약을 하고, 예수 그리스도를 자신의 구세주로 영접하고 새로운 존재로서 삶을 살아가겠다는 확인을 한 번 더 고백하는 과정이다. 이를 로렌스 스투키 교수는 '계약의 새로운 갱신'이라고 부른다.

근본적으로 입교는 그리스도와 연합하는 세례를 유아 때에 받았던 자들이 성장 기간을 거쳐 일정한 연령에 이를 때에 교회가 기독교의 신앙 교리에 근거한 신앙 교육의 과정을 베풀고, 그 과정을 마친 자들을 교회의 일원으로 환영하는 예식이라고 할 수 있다.

성만찬

교회 공동체 안에 있는 예배의 현장에서만 베풀어지는 성만찬은 세례와 함께 교회 공동체를 가장 기독교적으로 만드는 중요한 예식 가운데 하나이다. 다시 말하면 교회를 교회 되게 하는 요소가 바로 성찬식이다. 초대 교회는 말씀의 예배(worship of the word)로 시작해서 다락방 예배(worship of the upper room)라고 부르는 성만찬의 예배에서 그 절정을 이룬다. 그리고 세례를 받고 그리스도의 사람으로 인침을 받은 사람은 누구나 이 성만찬에 참여할 수 있는 의무이자 특권을 가졌다.

성만찬 예배란 하나님과 인간, 인간과 인간이 만나는 시간이며, 묵은 감정의 찌꺼기들이 녹아지고 죄가 용서되는 시간이다. 또한 각 사람이 성별, 연령, 신분, 재산, 지식 등의 구별을 뛰어넘어 주님의 한 피를 받은 형제요 자매임을 확인하는 기쁨과 환호의 시간이다. 그러므로 성도들은 성찬식을 통하여 예수 그리스도의 대속적인 죽음을 통해 이루어지는 하나님과 이웃의 화해를 경험하며 신앙을 재확인하게 된다. 또한 하나님 나라의 백성으로서 그들의 삶이 가지는 의미와 세상을 향한 선교적 사명을 되새기며, 종말론적인 하나님 나라를 대망하게 된다.

한국 교회는 지금까지 성만찬의 의미를 주님의 고난과 연결시켜 왔다. 그러나 주님의 부활의 의미를 찾기 위하여 고난의 의미 및 이를 뛰어넘는 부활과 재림을 포함하는 축제로서의 성만찬을 거행해야 한다.

성만찬의 역사적 배경

성만찬 예배는 그리스도의 명령에서 출발한다. 그리스도께서 잡히시기 전 마지막 유월절 만찬석상에서 제자들에게 부탁하신 "이것을 행하여 나를 기념하라"(고전 11:24)는 말씀에서 성만찬 예배는 출발한다.

주후 30년 예루살렘 교회는 성전의 솔로몬 행각에서 모여 말씀 중심의 예배를 드렸고 가정에서 모여 성만찬을 행했다(행 2:42,46,3:11,5:12,42,20:7;눅 24:53). 사도행전 2장 42절에서 누가는 초대 교회가 "사도의 가르침을 받아 서로 교제하고 떡을 떼며 오로지 기도하기를 힘쓰니라"고 전하고 있고, 46-47절에서는 좀 더 구체적으로 "날마다 마음을 같이하여 성전에 모이기를 힘쓰고 집에서 떡을 떼며 기쁨과 순전한 마음으로 음식을 먹고 하나님을 찬미하며 또 온 백성에게 칭송을 받으니 주께서 구원 받는 사람을 날마다 더하게 하시니라"고 적고 있다.

이와 같이 초대 교회 때부터 성만찬은 예배의 필수적이며 중심이 되는 순서였다. 말씀으로부터 시작된 예전은 다락방 예전(성만찬)에서 절정을 이루었고 세례 교인은 성만찬에 참여할 권리와 의무를 가지고 있었다. 오순절 성령 강림 이후 초대 교회가 "사도의 가르침을 받아 서로 교제하고 떡을 떼며 오로지 기도하기를 힘쓴"(행 2:42) 이후 말씀과 성만찬 중심의 예배 전통은 처음 4세기까지 큰 변화 없이 지속되었다.

그러다가 313년 로마의 콘스탄티누스 대제가 기독교를 공인하면서부터 예배에 여러 가지 문화적인 요소들이 첨가되기 시작했고, 중세 이후 종교 개혁 당시에 서방 교회 예배는 심각할 정도로 원래의 모습에서 벗어나 있었다. 이러한 현실에서 벗어나 서방 교회의 잘못된 관행을 고치고 성경으로 돌아가려 했던 종교 개혁가들은 예배를 대폭 간소화하거나 삭제시킴으로써 미사 중심의 예배를 설교 중심의 예배로 바꾸었다.

그 후로 가톨릭 교회는 성만찬 중심의 예배로, 개신 교회는 성만찬이 빠진 설교 중심의 예배로 변질되었다. 그러나 종교 개혁자들 중에 성만찬의 중요성을 무시한 사람은 아무도 없었다. 루터나 칼빈은 매주일 성만찬 예배를 실시할 것을 주장했지만, 츠빙글리를 비롯한 많은 사람들은 주의 만찬을 은혜의 수단으로 인정하지 않았고, 동시에 예배에 꼭 필요한 것으로 생각하지 않았다. 이와 같은 종교 개혁자들의 성만찬에 관한 통일되지 못한 견해들이 말씀을 중시하고 성만찬을 소홀히 하는 원인이 되기도 했다.

성만찬의 유래

초기 형태의 성만찬 예식은 역사적 사실에 근거하고 있다. 성만찬에 관해 신약 성경이 제공하는 자료로는 마태복음 26:26-29절, 마가복음 14:22-25절, 누가복음 22:15-20절과 고린도전서 11:23-26절이 있다.

이와 같이 복음서와 고린도전서의 기록을 따르면, 예루살렘 교회를 통하여 우리에게 전해지는 성만찬은 예수 그리스도께서 친히 제정하신 것으로 예수님의 최후 만찬으로부터 유래되었다. 예수님의 최후 만찬의 기원을 유월절에 두는 큰 이유는 공관복음서 기자들의 기록이 유월절 성격을 강하게 나타내고 있으며, 최후의 만찬이 유월절 하루 전에 예수님께서 유월절을 언급하는 가운데 행해졌기 때문이다.

신약학계의 권위자인 예레미야스는 복음서의 기록 속에는 그 만찬의 유월절 배경을 가리키는 열한 가지 사실들이 있다고 밝혔다.

첫째, 최후의 만찬은 거룩한 성 예루살렘에서 거행되었다.

둘째, 예수님과 그의 제자들에게 식사를 위한 방이 소란 없이 제공되었다.

셋째, 밤에 거행되었다.

넷째, 소수의 남자들의 무리가 함께 모였으므로 유대 가족적 만찬의 '가족적인' 분위기가 유지되었다.

다섯째, 제자들이 상에 기댔다.

여섯째, 빵을 떼기 전에 어떤 음식이 먼저 나왔다.

일곱째, 유월절의 독특한 특징인 붉은 포도주를 마셨다.

여덟째, 이 만찬은 자선 행위와 관련되었다.

아홉째, 만찬은 시 113-118편에서 발췌된 찬양으로 끝을 맺었다.

열째, 유월절에 일반적으로 있었던 성경 강해 순서에 빵과 포도주에 대한 주님의 말씀이 자연스럽게 이루어졌다.

열한째, '적신 빵 조각'의 사용(요 13:26 이하)은 그 만찬의 특징에 대한 증거의 하나이다. 적신 빵 조각은 애굽의 노예 생활의 혹독함을 기념하기 위해 특별히 준비된 소스에 찍은 빵 조각으로서 연례적인 잔치에 속하는 것이었다(막 14:20).

이상과 같은 사실은 복음서의 기자들 모두가 일치된 견해로 기록한 것을 재정리한 내용이다. 이 기록과 함께 지속된 성만찬의 전통은 일반적으로 유월절 만찬을 성만찬의 근원으로 이의 없이 받아들였다.

그러나 최근에 유대인들의 관습과 성만찬을 비교 연구한 발표들이 나왔는데, 그 가운데 유대인들의 관습 중 하나인 식탁 모임 '키디쉬'가 관심을 끌게 되었고, 이로 인해 키디쉬가 최후의 만찬과 관련이 있음을 주장하는 견해가 생겨났다. 키디쉬는 랍비와 그의 제자들이 안식일이나 특별한 명절을 종교적 차원에서 준비하기 위하여 식탁에 함께 모여 식사를 나누던 관습이었다. 이때 이들은 간단한 식사로서 빵을 먹었으며 포도주에 물을 섞어서 서로 돌려가면서 마셨고 그 후에 기도를 했다. 이러한 모임은 주로 메시아를 기다리는 무리들에게 경건한 생활을 지속하게 하기 위한 것이다.

이러한 키디쉬 행사가 제자들의 3년간 생활 속에서도 계속해서 행해졌을 것이라는 추측이 긍정적으로 받아들여지고 있는데, 그 근거로는 성만찬을 가리켜 '최후의 만찬'이라고 부른다는 점이다. 최후의 만찬이란 지금까지 키디쉬를 행해 온 것 중 '최후의 것'이라는 의미에서 유래되었을 것이라는 주장이다.

이것은 최후의 만찬이 유월절 식사였다는 전통적인 견해를 반격하는 새로운 주장이다. 비록 복음서 최후의 만찬이 유월절을 준비하는 식탁으로 기록되었다고 할지라도 그 실제적인 맥락은 키디쉬에서 찾아보는 것이 타당하다는 증거로서, 맥스웰은 유월절과 최후의 만찬의 차이를 다음과 같이 지적하고 있다

"엄밀히 말해서 유월절은 가족적인 축제였고 키디쉬는 남자들의 모임이었다. 유월절에는 어린 양을 잡았으나 최후의 만찬에는 양이 없었다. 유월절은 누룩 없는 빵이 사용되었으나 키디쉬에는 누룩 있는 빵을 사용했다. 유월절에는 여러 개의 컵을 사용했으나 키디쉬에서는 단 하나의 컵을 사용했다. 유월절에는 출애굽 말씀이 있었으나 키디쉬에는 출애굽 말씀이 언급되지 않는다."

최후의 만찬이 키디쉬에서 근거한다는 또 하나의 증거는 요한복음의 기사이다. 요한복음 18장 28절의 "그들이 예수를 가야바에게서 관정으로 끌고 가니 새벽이라 그들은 더럽힘을 받지 아니하고 유월절 잔치를 먹고자 하여 관정에 들어가지 아니하더라"라는 말씀에 근거하여, 사도 요한은 예수께서 잡히신 것이 유월절 잔치를 먹기 전이라는 견해를 밝힘으로써 최후의 만찬은 다락방에서 마지막 날 밤에 빵과 잔을 나눈 것뿐이지 유월절을 기념한 것은 아니므로, 결국 최후의 만찬은 키디쉬였다는 것이다.

최후의 만찬에는 키디쉬에는 전혀 없었던 새로운 말씀이 첨가되었는데, 그것은 주님께서 "받으라 이것은 내 몸이니라…… 이것은 많은 사람을 위하여 흘리는…… 언약의 피니라"고 말씀하신 것이다. 그러므로 습관적으로 행해 오던 키디쉬에 성만찬 제

정의 말씀이 주어짐으로써 유대인의 키디쉬가 기독교의 성만찬이 되었다는 것이다.

이러한 주장들은 성경에 명확히 기록되어 있지 않으므로 비성경적이라는 비평을 받을 가능성이 없지는 않으나, 유월절을 비롯한 식탁의 관습은 하나의 민족이 지닌 문화적 유산이라는 차원에서 재평가해 볼 필요가 있다고 여겨진다.

그러나 성만찬의 배경이 유월절 식사이든 키디쉬이든 또는 다른 어느것이든 이는 단지 유대적 배경에 불과할 뿐이다. 중요한 것은 주님께서 어떤 형태의 식탁을 이용하셨든 새로운 성례전으로서 성만찬을 제정하셨다는 사실이다. 또한 그 식탁은 제자들과 함께 단순한 식사만을 나눈 것이 아니라 하나의 성례전으로서 제정된 최후의 만찬이었다는 것이다.

그러므로 성만찬은 전적으로 독특한 기독교적 전통이다. 유대적 배경과 전 역사가 무엇이든 기독교의 성만찬은 예수님의 최후 만찬으로부터 유래된 것으로서, 예수님께서 친히 그것으로 미래 구원에의 새로운 희망을 제시해 주셨다는 것이다.

이 최후의 만찬을 성례전으로 제정하신 과정은 다음의 일곱 단계로 세분하여 살필 수 있다.

첫째, 먼저 주님께서 빵을 취하셨다.

둘째, 축사하셨다.

셋째, 그것을 쪼개셨다.

넷째, 제자들에게 나누어주시면서 "받아 먹으라 이것이 내 몸이니라"고 하셨다.

다섯째, 그 후에 잔을 드셨다.

여섯째, 감사의 기도를 드리셨다.

일곱째, 제자들에게 주시면서 "너희가 다 이것을 마시라 이것은 죄 사함을 얻게 하려고 많은 사람을 위하여 흘리는 바 나의 피 곧 언약의 피니라"고 말씀하셨다.

　이상과 같은 일곱 단계의 성만찬 제정이 기독교 성례전의 최초 모델이며 가장 근원적인 형태이다. 이 예전을 주님께서 다시 오실 때까지 계속 행하는 것은 신실한 교회의 모든 성도들의 참된 임무라 하겠다.

성만찬의 신학적 의미

　역사적으로 볼 때 성만찬의 신학적인 주제는 예배의 성격을 규정 짓는 문제와 떡과 잔에 그리스도께서 임재하시는 방법에 있다. 사람들은 "오직 그리스도는 죄를 위하여 한 영원한 제사를 드리시고 하나님 우편에 앉으사"(히 10:12)라는 한 말씀을 토대로 성찬을 제사로 보기도 했고, 중세 가톨릭 교회는 떡과 포도주가 곧 예수님의 살과 피라고 하는 화체설을 주장했다.

　루터는 성만찬 때에 그리스도께서 실제로 임재하신다고 믿으면서도 화체설은 부인하여, 떡과 포도주는 성별의 기도 후에도 주님의 참 살과 피로 변화되지 않고 그대로 있지만 그 속에 주님의 신성과 인성이 임재한다고 믿는 공재설을 주장했다. 칼빈은 성만찬의 목적을 영적 삶의 영양 공급으로 보아, 성만찬 예식을 통해 우리의 영혼을 먹이시기 위해 그리스도께서 성만찬에 영적으로 임재하신다는 기념설을 지지했다. 이처럼 초대 교회로부터 지금까지 성찬을 단순한 기념으로만 이해하지 않았음을 알 수 있다.

　그러나 이렇게 다양한 주의 주장들 사이에서 최후의 만찬석상에서 하신 예수님의 말씀은 성만찬의 신학적 의미를 가늠하기에 충분하다. 예수님께 하신 말씀, "받으라 이것이 내 몸이니라"(막

14:22)라는 표현은 "이것을 행하여 나를 기념하라"(고전 11:24)는 말씀의 맥락에서 이해되어야 한다.

당시의 제자들이 예수님의 이 말씀을 문자적으로 이해했거나, 떡과 포도주가 축사된 후 예수님의 살과 피로 변한 것을 먹고 마셨다고 생각할 수 없다. 제자들은 예수님의 이 말씀을 '기념하라'는 부탁의 말씀으로 받아들였고 "이 떡을 먹으며 이 잔을 마실 때마다 주의 죽으심을 오실 때까지 전하는 것"(고전 11:26)으로 이해했다.

성만찬에 관한 더 깊은 이해를 위해서 신약 성경에 나타난 주요 언어들을 살펴보고자 한다. 성만찬에 대한 신약 성경의 세가지 중요한 낱말들은 기념(Remembrance)과 참여(Communion)와 드림(Offering)이다.

첫째, 성만찬은 예수 그리스도의 속죄의 죽으심을 기념하는 의식이다.

예수님께서는 "너희가 이를 행하여 나를 기념하라"(눅 22:19; 고전 11:24, 25)고 최후의 만찬석상에서 제자들에게 말씀하셨다. 예수님 당시의 히브리인들에게 '기념한다'는 말은 과거의 어떤 사건이나 과거의 상태를 현실화하는 것을 의미했다.

유월절은 이스라엘 백성에게 기념의 날이다. 한 인물이 아니라 하나님께서 행하신 일을 상기하는 것이다. 애굽으로부터의 구원은 과거의 한 사건으로서 기억 속에 희미해지지 않고 온 이스라엘의 생활을 지배했다. 따라서 이 날은 기념의 날인 동시에 미래를 출발하는 기쁨의 축제일이 되었다. 이렇게 초대 교회가 이해한 성만찬은 '새언약'의 표지와 구원과 새 생명의 종말론적 예표였다. 이런 맥락에서 성만찬은 예수님의 죽으심에 대한 막연한 기억이나 추도의 의미뿐만 아니라 부활을 축하하는 적극적이고 긍정적인 축제였다.

　이 축제적 기념제가 하나님의 나라에서 행해질 종말론적인 잔치의 예표가 되는 것은 "내가 포도나무에서 난 것을 하나님 나라에서 새 것으로 마시는 날까지 다시 마시지 아니하리라"(막 14:25)고 하신 예수님의 말씀 때문이다. 주님의 만찬에는 유월절로부터 역사적 진행이 있으므로, 주님의 만찬은 유월절의 성취만 아니라 모든 구약의 희생적 예배의 성취라고 할 수 있다. 그러므로 우리는 그리스도께서 우리 죄를 대신하여 죽으사 속죄하신 것을 기념하여 하나님께 감사하며 헌신의 삶을 살아가는 것이다.

　둘째, 성만찬은 그리스도와 연합하여 한 몸이 되는 의식이다. 세례를 포함한 성례전 전체는 신자들이 그리스도와 연합하여 한 몸이 되는 새로운 계약이 성립되고 반복되는 예전이다. 칼빈은 아주 중요한 교리의 한 부분으로서 하나님의 자녀가 되는 인을 치고 계약을 확인해 가는 성례전으로서의 성만찬을 강조한다. 그는 예수 그리스도의 살과 피를 먹고 마시는 자마다 그와 하나가 되어 그 안에서 살아가는 분가분리의 관계가 맺어져야 한다고 강조한다.

　성만찬 예식은 주 예수 그리스도 자신이 우리에게 영적인 힘을 주기 위하여 계획하셨고, 그의 몸 안에서 그리스도와 우리와의 연합이 계속적으로 실제화하는 방편으로서 하나님께서 제정하셨다. 바울은 성만찬을 그리스도의 몸과 교제에 관련시켜서 말하기를 "떡이 하나요 많은 우리가 한 몸이니 이는 우리가 다 한 떡에 참여함이라"(고전 10:17)고 하였다. 이 말은 성찬에서 '그리스도의 몸'의 지체가 된 그리스도인 상호간의 일치와 머리 되신 그리스도와 그 지체들과의 일체를 의미한다.

교부 시대에는 이 말씀을 교회가 참다운 교회, 즉 이 세상에서 그리스도의 몸이 되는 것은 그리스도와 연합함으로써만 가능하다고 해석했다. 그래서 어거스틴은 그의 설교에서 "여기서 생각하는 영적 은사는 일치되는 것이다. 우리는 그리스도의 몸에 참여하고 그 몸의 지체가 됨으로써 거기서 주시는 은사를 받게 된다"고 했다. 이와 같이 "주의 만찬"(고전 11:20)은 본질적으로 개인적인 식사와 구별되며 "주님이신 예수님과 연합하는 만찬이다"라고 성찬의 의미에 대해 말했다.

그러므로 기독교 예배에서 성찬은 예배의 중심이 되어야 하며, 예배자들은 성찬의 떡과 잔을 나누면서 다 함께 교회의 머리요 주님이신 그리스도의 신적 몸의 지체가 되는 것을 확신하며 서로 사랑하고 존중히 여기고 피차 위로하고 권면해야 한다. 여기서 그리스도의 몸 된 신앙의 공동체는 "우리가 다 하나님의 아들을 믿는 것과 아는 일에 하나가 되어 온전한 사람을 이루어 그리스도의 장성한 분량이 충만한 데까지 이르는" 것이다(엡 4:13).

셋째, 성만찬은 그리스도의 희생제를 나타내는 것이다.

주님께서 성찬 제정 시에 하나의 떡덩이에서 떡을 떼시면서 "이것은 너희를 위하여 주는 내 몸이라"(눅 22:19)고 말씀하셨고, 잔을 나누어주시면서 "이것은 죄 사함을 얻게 하려고 많은 사람을 위하여 흘리는바 나의 피 곧 언약의 피니라"(마 26:28)고 말씀하셨다. 그리스도께서 인간의 죄를 대속하기 위하여 단번에 드리는 희생 제물이 되셨음을 의미하는 것이다.

히브리서 기자는 이것을 설명하여 "예수 그리스도의 몸을 단번에 드리심으로 말미암아 우리가 거룩함을 얻었노라 제사장마다 매일 서서 섬기며 자주 같은 제사를 드리되 이 제사는 언제나 죄를 없게 하지 못하거니와 오직 그리스도는 죄를 위하여

한 영원한 제사를 드리시고 하나님 우편에 앉으사"(히 10:10-12)라고 기록했다.

그러므로 초대 교회에서는 그리스도의 희생을 선포하는 가장 소중한 의식으로서 성찬의 예배를 드려왔다. 여기서 예배자들은 더 이상 짐승을 죽여서 희생 제사를 드릴 필요가 없었고, 그 대신에 그 자신들의 몸으로 하나님께 거룩한 산 제사로 드리게 되었다(롬 12:1). 뿐만 아니라 예수님으로 말미암아 항상 찬미의 제사를 하나님께 드렸다(히 13:15). 그리고 이 성만찬을 통하여 주님의 죽으심을 주님이 다시 오실 때까지 전해야 하는 사명을 지니게 되었다(고전 11:26).

이러한 역사적 맥락 속에서 성찬은 오늘도 계속 이어져야 한다. 그리고 믿음으로 성찬의 떡과 잔을 받을 때에 우리도 예수 그리스도의 속죄의 죽으심으로 단번에 성취하신 구원의 은혜를 받게 되는 것이다.

오늘을 위한 성만찬의 순서

예식의 위험성은 그 예식이 가지고 있는 의미는 사라지고 형식화되는 데 있으며, 무슨 의미인지도 모른 채 전통적으로 행해져온 방식을 답습하는 데 있다. 예를 들면 중세 가톨릭 교회의 신부들은 교회의 전통을 그대로 답습하여 청중들은 알아들을 수 없는 라틴어로만 미사를 진행했다. 이로써 예식을 신비스럽게 만들었는지는 모르지만 일반 교인들은 그 예식의 의미를 깨달을 수 없었고 점차 예배의 참여자에서 구경꾼으로 전락하게 되었다. 그래서 종교 개혁자들이 이 같은 교회의 전통에 대항하여 자국어로 예배드리는 것을 부르짖었던 것이다.

한국 교회는 지금까지 성만찬의 의미를 주님의 고난과 연결시켜 왔다. 그 외에 어떤 의미가 있는지, 예배와 어떤 긴밀한 연관성을 가지는지에 관한 연구가 없었다. 한국에 있는 교회들은 전통에 따라 부활절이나 추수 감사절을 전후하여 가뭄에 콩나듯 그렇게 세례식과 겸하여 성찬식을 진행한다.

이로 인해 우리의 성찬식은 개인주의화되어 있음을 쉽게 발견하게 된다. 하나님 앞에서 자신을 돌아보고 회개하는 차원은 있으나 함께 참여하는 주위 성도들에 대한 관심과 교회 밖의 이웃에 대한 관심은 매우 적다.

성찬식은 언제나 우리가 공동체임과 그리스도의 지체 됨을 확인하는 공동체 예식이다. 그러므로 개인적인 고백과 신앙의 차원을 넘어서서 하나님 앞에서 공동체 전체가 그리스도의 몸됨을 재확인하고 각 성도들은 그리스도의 몸된 교회의 지체임을 재인식하는 것이 필요하다.

성찬식은 인간 중심이 아니라 하나님 중심인 예식이며, 인간이 고안해 낸 것이 아니라 하나님께서 명하신 예식이다. 그것은 또한 교회가 교회 되게 하는 아주 중요한 요소로서 성도들의 삶을 지탱시켜 주고 인도해 주며 화해시키는 기능과 치유하는 기능들을 가지고 있다.

지금까지 살펴보았듯이 성만찬은 과거와 현재 그리고 미래가 공존하는 현장이다. 그리스도의 죽음의 의미에 대한 묵상과 죄의 회개로 이어지는 엄숙하고 무거운 분위기뿐 아니라 하나님 나라의 백성으로서 주의 만찬에 초대받은 감사와 기쁨이 넘치며, 종말론적인 하늘 나라의 만찬을 소망하는 희망이 넘치는 축제적인 분위기 또한 필요하다고 생각한다.

【 생각해 볼 문제 】

1. 교회 안에서 절기마다 행해지는 성례, 즉 세례와 성만찬은 그리스도께서 친히 제정하신 것이다. 그 성례의 근거와 의미는 무엇인가?

2. 성례의 신학적 의미 다섯 가지를 아는 대로 설명해 보라.

3. 세례가 가지는 의미를 우리의 실제 삶과 연관시켜 설명하라.

4. 유아 세례에 관해서는 오늘날도 논란의 여지가 있다. 유아 세례의 근거와 의미를 설명하라.

5. 유아 세례는 아이에게 주어지지만, 부모의 신앙과 그들의 책임 있는 서약에 더 깊은 관심을 두어야 한다. 유아 세례시 부모에게서 확인되어야 할 신앙의 정도를 설명하라.

6. 역사적으로 볼 때 성만찬에서의 신학적인 주제는 떡과 잔에 그리스도께서 임재하시는 방법에 있다. 중세 가톨릭과 루터 그리고 칼빈이 이것에 대해 각각 어떻게 이해하고 주장했는지 설명하라.

7. 성만찬에 대한 신약 성경의 주요 언어들은 '기념'과 '참여' 그리고 '드림'이다. 이 세 단어가 가지는 성만찬의 의미들을 설명하라.

6 예배의 계획

 교회 역사상 오늘날처럼 예배하기 위해 사람들이 많이 모인 적은 없었다. 그렇지만 영적인 측면에서 오늘날처럼 수준이 낮은 때도 없었다.
 오늘날 그리스도인들은 '예배의 홍수' 속에서 산다. 특히 하나님께로부터 부여받은 교회의 직분을 가지고 있는 사람일수록 예배는 생활의 기본 축을 이루고 있다. 주일 예배, 수요 예배, 금요 예배, 헌신 예배, 열린 예배, 개업 예배, 이전 감사 예배 등 예배가 없으면 살 수 없다는 듯 모든 것을 예배화하여 생활한다. 언제 어디서 무엇을 하든 예배와 함께 시작하고 예배로 끝을 맺는다. 교회는 물론이고 교육을 위해 모이는 세미나를 비롯해서 그리스도의 이름으로 모이는 곳이라면 어느 곳에서나 우리는 예배를 드린다. 사실 이름이 없어 만들지 못할 따름이지 예배가 모자란다거나 없는 것이 아니다. 이처럼 우리 삶의 모든 것은 예배와 연관되어 있다.
 이 시대는 너무나 바쁘다. 이 시대를 사는 우리 역시 너무나 바쁘다. 바쁜 만큼 우리는 실용적이고 효율적인 삶을 원한다. 그래서 각종 프로그램과 활동으로 가득한 제도화된 교회에 속해 있는 현대 그리스도인들은 각종 모임과 그에 따른 수많은 예배 속에서 편안함을 누린다. 오늘도 우리는 그 편안함을 위해 살고 있고 그것을 위한 하나의 방편이 새롭게 명명되는 예배를 드리는 것이다.

하지만 예배가 다양하고 많을 수밖에 없는 것은 단지 실용주의를 충족시키거나 마음의 평안과 만족을 위한 것만은 아니다. 예배가 그만큼 그리스도인의 삶에서 중요할 뿐만 아니라 기독교의 핵심이기 때문이다. 성경을 펼쳐보라. 만일 성경을 통해서 성경 스스로가 얼마나 예배를 강조하는가를 살펴보고, 구체적으로 창세기에서 요한계시록까지 성경에 나타난 예배자와 예배의 모습들을 찾아본다면, 우리는 신령과 진정으로 예배하는 자이기를 소망하게 될 것이다.

그리스도인은 예배하는 사람들이다(요 4:23). 주를 믿는 사람들은 그리스도인, 신자, 성도, 하나님의 자녀 또는 그리스도와의 동일화 및 연합을 묘사하는 어떤 다른 용어로 불리듯이 '참으로 예배하는 자들'이라고 불릴 수 있다. 우리가 구속받은 일차적인 이유는 하나님을 예배하는 것이기 때문이다.

예배는 사람들의 마음속에서 시작된다. 결코 환경이 문제되지 않는다. 에어컨이 없고, 공간이 적고, 사람이 없고…… 없는 것이 많아 예배드릴 수 없다는 현대인들은 성경에 등장하는 예배자들을 살펴보아야 한다. 예수님의 제자들은 쇠사슬에 묶이거나, 숨은 곳에서나, 밀림에서(에어컨도 없이), 감옥과 고통 속에서도 예배했다. 예배를 가로막는 외적인 환경은 결코 있을 수 없었다.

그러나 현실은 우리가 고백하거나 가르치는 예배와는 거리가 멀다. 우리는 예배의 특징을 설명하며 신비, 놀람, 경축이라고 설명한다. 하지만 우리가 드리는 실제 예배의 현장에서는 영어 사전에서 예배(worship)라는 낱말과 함께 등장하는 다른 단어들, 즉 낡은(worn), 진부한(worn-out), 걱정(worry), 걱정이 많은 사람(worrywart), 더욱 나쁜(worse) 그리고 더 나빠지다(worsen) 처럼 느껴질 때가 있다. 간혹 예배가 이런 순서로 진행될 때가 있다.

우리가 교회에서 드리는 지루하고 비효과적인 것처럼 보이는 예배를 해명하는 한 가지는 인도자의 진지한 계획의 부족이다. 프랭클린 지글러는 자신의 책에서 주일 아침 한 번의 예배 의식을 위해 매주간 약 세시간씩 소비하는 조지 버트릭(George Buttrick) 박사를 소개하면서 예배는 반드시 계획되고 준비되어야 한다고 말한다.

설교를 위해서라면 몇 시간 아니 몇 날 며칠을 소비할 준비가 되어 있지만, 의식이나 음악의 선택과 준비를 위해 그렇게 많은 시간을 주저 없이 투자하는 교회나 사람을 찾기는 쉽지 않다. 아니, 단 몇 시간만이라도 예배를 위해 준비하는 사람을 찾기 어려운 것이 우리의 현실이다.

그러나 인간이 하나님께 신앙을 고백하고 드려지고 올려지는 행위가 예배라면 그만한 준비와 내용이 반드시 필요하다. 그리고 교회 전체는 공중 예배에 대해서 큰 책임을 가지고 있다. 교회는 그 예배식, 찬송, 교회 건물의 계획과 설비 및 교회력에 대한 일반적인 계획을 결정한다.

성경은 어느 곳에서도 하나의 고정된 예배 순서를 지시하고 있지 않으나, 본질적인 예배의 어떤 형식은 항상 인정한다. 구약은 형식과 의식을 매우 강조한다. 반면에 신약은 예배의 정신과 자유를 역설하여 마치 형식과 행위를 배격하는 듯이 여겨진다.

그러나 예수님과 사마리아 여인의 대화에서 예수님께서는 예배의 실제를 다음과 같이 요약하셨다.

"하나님은 영이시니 예배하는 자가 영과 진리로 예배할지니라" (요 4:24).

'진리(truth)'는 예배의 내용으로서 전달할 수 있는 예배의 형식 안에 구체화되어야 하며, '영(spirit)'은 예배자의 태도를 가리킨다.

예배하기 위해 사람들이 많이 모이는 것과 참된 예배를 드리는 것이 반드시 일치하지 않음을 우리는 알고 있다. 우리에게 필요한 것은 예배를 예배 되게 하며 성도들로 하여금 예배를 통하여 하나님을 만나게 하는 일이다. 이는 기존 예배의 모든 구조를 바꾼다는 말이 아니고 우리의 예배가 하나님께서 본래 의도하신 예배가 되게 하는 것이다.

예배 순서를 결정짓는 요소들

예배는 '하나님과의 만남'이다. 성경을 통해서 볼 때 하나님을 온전히 만난 사람들은 모두 죽거나 변했다. 구약 성경의 모세와 이사야가 그러했고 신약 성경의 도마와 바울이 그러했다. 예배에서 하나님을 제대로 만날 때 우리의 옛 자아는 죽고 새롭게 변화한다. 이러한 의미 있는 영적인 변화가 뒤따르지 않는 예배는 참된 영적 예배라고 할 수 없다. 예배는 궁극적으로 하나님의 완전하신 모습을 닮아가고 그분께서 원하시는 모습으로 '되어가는(becoming)' 것이다.

그러나 단조롭고 활력 없는 예배 의식은 하나님의 완전한 모습을 닮아가게 하기는커녕 이런 생각을 하게 만든다.

"찬송을 부르고 기도하고 설교를 듣는 것이 도대체 무슨 의미가 있단 말인가? 물로 세례를 주고 떡을 먹고 포도주를 마시는 것이 정말 무슨 의미가 있는가? 예배는 도대체 어디로 가고 있는 것일까?"

역사적으로 예배의 모형은 크게 세 가지 형태로 발전되어 왔다. 우선 첫째로 로마 가톨릭 교회, 감독 교회, 루터 교회 등에 나타난 의식 중심의 예배 형태가 있으며, 두 번째로는 퀘이커 교도와 그 외 복음적 단체들이 바라는 것처럼 짜인 순서가 없는 (적어도 신학적으로) 비의식적인 모형이 있다. 그리고 대다수의 프로테스탄트 교회가 따르고 있는 것으로서 '자유 안에서의 질서'로 표현되는 자유롭지만 순서가 있는 계획된 예배, 즉 획일적이고 고정된 것이 아니라 어느 정도 자유와 자발성을 참작하여 만들어진 예배의 형태가 있다.

이러한 예배 순서의 차이는 각각의 교회가 지닌 신학적 차이에서 비롯된다. 즉 교회의 신학이 예배의 순서와 태도에 큰 영향을 미치는 것이다. 그러나 한 가지 기억해야 할 것은 예배의 표준이 성경에 제시되어 있지 않은 이상 우리는 일정한 용어로 '예배의 모양'을 말할 수 없다. 그러므로 예배의 외적 형식이나 모양은 언제나 시대의 산물로서 그 시대의 문화와 긴밀하게 관련을 맺으면서 발전되어 왔다.

구약과 신약이라는 두 시대만을 놓고 비교해 보아도 예배의 형태는 현격한 차이를 보인다. 구약에서는 허용되지 않는 회당 중심의 예배가 신약시대에는 보편적인 것으로 받아들여졌다. 이처럼 예배의 순서나 모양과 같은 외적 형식은 시대의 흐름과 같이 전진하는 것으로, 지금 우리가 드리는 예배의 형식은 임시적인 형태라는 사실을 언제나 염두에 두고 예배에 참여해야 한다.

예배자의 자리에 설 때 우리는 적어도 세 개의 문화와 만나게 된다. 성경의 문화, 예배 인도자의 문화, 그리고 예배 참여자의 문화이다. 우리는 '교리를 희생하지 않으면서 이 다양한 문화 속으로 침투하여 어떻게 하나님께 영광과 찬양을 돌릴 수 있는가'라는 과제를 지니고 있다. 이러한 세 문화의 충돌 사이에서 예배를 계획하고 인도하는 것은 참으로 어려운 예술이다. 전통은 예배를 답답한 것으로 만들지만 새로운 것만을 추구한다면 성경에서 멀어질 위험이 있다. 그러므로 효과적인 조절이 필요하며 그것을 위한 긴장을 조금도 늦추어서는 안 된다.

전통과 현실이라는 긴장 가운데 예배를 준비하면서 반드시 기억해야 하는 요소들이 있다. 개혁주의 신앙을 전통으로 받아들이는 우리는 "개혁 교회는 항상 개혁되어야 한다"라는 개혁주의 전통의 표어와, 자유와 형식이라는 예배의 두 기둥을 기억하며 예배의 원리를 찾아야 한다.

형식이 무너지면 내용마저도 없어져 버린다.

예배의 대상에 대한 바른 이해

그리스도인의 예배의 가장 기본적인 원칙은 예배의 대상이신 하나님을 아는 것이다. 하나님을 예배하기 원하는 사람은 누구나 가장 먼저 하나님을 알아야 한다. 바울은 아덴에서 '알지 못하는 신에게'라는 제단을 보았다. 그는 그 말 자체에 모순이 있음을 알아차렸다. 알지 못하는 신에게는 참된 예배를 드릴 수 없다(행 17:22-23). 그것은 신에게 합당한 예배가 아닌 자신의 만족을 위한 행위이기 때문이다.

그러므로 바른 예배 순서를 결정짓기 위한 첫 번째 요소는 예배의 대상을 바로 아는 것이다. 하나님에 대한 바른 이해, 바른 지식을 소유하는 것이다.

후스태드(Don Hustad)에 따르면 예배란 "삼위 일체 하나님의 자기 계시에 대한 인간의 긍정적인 응답"이다. 예배는 인간이 표현하는 경의의 행위이지만 허공을 향한 일방적인 행위가 아니라 그것을 받아주는 존재, 즉 예배의 대상인 하나님이 개입되어 있는 사건이다. 대상이 없는 예배는 없다. 예배는 반드시 어떤 대상을 전제로 진행된다. 그러므로 예배의 대상을 바르게 이해하지 못하면 바른 예배를 드릴 수 없다. 대상에 관한 바른 이해에서부터 예배의 형식과 절차가 결정되기 때문이다.

그러므로 '하나님을 아는 지식'이 없으면 하나님을 예배할 수 없다. 유대인과 그리스도인은 동일한 하나님을 섬기고 있지만 하나님의 구원 사역에 대해 서로 다르게 이해하고 있어 예배의 양식이 달라졌다. 또한 출애굽기 32장의 아론과 이스라엘 백성의 금송아지 예배에서 보는 것처럼, 안다고 하지만 바르게 알지 못하면 그릇된 예배를 드리게 되며 하나님께로부터 진노를 살 수 밖에 없다. 바른 지식은 바른 예배로 인도한다. 그러므로 예배드리기 원하는 자는 예배의 대상을 알아야 하며, 예배 자체를 배우고 알아야 한다.

예배 드리기 원하는 사람이나 하나님을 기쁘시게 해드리기 원하는 사람은 누구든지 하나님이 누구인지, 하나님께서 어떤 일을 행하셨는지를 알아야 하고 하나님께서 예배자에게 요구하시는 것이 무엇인지를 알아야 한다. 이러한 문제가 해결되었을 때에야 비로소 어떻게 예배할 것인가를 결정하게 된다.

예배의 대상인 성부 하나님

하나님은 생명의 원천이시며 보존자이시다. 또한 인간의 구원을 위해서 주도적으로 사랑의 행동을 하시는 분이다. 이러한 하나님의 속성과 사역은 인간으로 하여금 하나님은 예배를 받으시기에 지극히 합당한 분임을 깨닫도록 하기에 충분하다. 그러므로 합당한 예배를 드리기 위해서 예배자인 인간은 하나님에 대해 바로 알고 있어야 한다.

예배자가 예배의 대상인 하나님을 얼마나 이해하는지, 어떻게 이해하는지는 예배드리는 태도의 진실성 여부와 밀접한 상관 관계를 가진다. 예배자의 하나님에 대한 이해는 예배의 신학적 기초에 가장 근간(根幹)을 이루는 문제이다. 그러므로 성부 하나님에 대한 이해가 선행되지 않은 예배의 신학적 논의는 무의미하다.

예배는 하나님께만 드리는 것이다. 그러므로 예배는 하나님 중심이어야 한다. 구원의 은혜를 입은 자들이 창조주와 구속주가 되시는 삼위 일체 하나님께 찬송과 존귀와 영광을 돌리는 것이다. 하나님은 무생물이나 다른 동식물과는 달리 인격을 지니신 분이시다. 그는 우리가 부를 때에 응답하신 분이다. 갈멜 산에서 등장하는 엘리야의 하나님이 곧 나의 하나님이며 우리의 하나님이다. 그는 응답하시는 분이며 우리의 소리를 들으시는 인격적인 분이다.

하나님 중심의 예배를 통하여 우리는 비전과 통찰력, 믿음, 헌신과 부요함을 누리게 된다.

예배의 중보자인 예수 그리스도

바른 예배는 그리스도가 중심이 되는 예배이다. 진정한 예배는 그리스도 안에서 그를 바라보며 그를 힘입어 예배하는 것이다. 아담 이후로 범죄한 인간은 하나님께 직접 예배 드릴 수 있는 길이 막혀 버렸다. 그러나 예수 그리스도의 십자가를 통한 대속의 죽음은 하나님과 인간 사이에 막혔던 길을 다시 열어놓았다. 그리하여 인간은 예수 그리스도를 중보자로 하여 하나님께 직접 예배 드릴 수 있는 은총을 입게 되었다. 그리스도로 말미암아 인간은 그 어떤 매체의 도움 없이도 성부 하나님의 은혜의 보좌 앞에 담대하게 나아갈 수 있는 길을 얻게 된 것이다. 하나님께 몸으로 산 제사를 드릴 수 있게 된 것이다.

그러나 중세 교회가 성직자 중심의 예배로 흐르고 교황과 마리아, 그리고 수많은 성자들을 예배의 구심점으로 삼자 하나님께서는 새로운 교회, 개혁된 교회를 이 땅에 세우셨다. 어떤 존재, 어떤 사건도 예배의 중심이 되어서는 안 된다는 것이다.

구약의 모든 제사는 그리스도와 그의 구속에 대한 예표요 모형이며, 그리스도께서는 구약 제사가 예표하는 바를 실제로 완성하셨다. 그러므로 바른 예배를 드리기 위해서는 그리스도의 대속적 죽음에 감사하고 이 은총을 새롭게 확인해야 한다. 그리스도의 십자가가 없는 예배, 십자가가 없는 설교는 그리스도의 생명을 상실한 것이다. 중보자 예수 그리스도에 대한 이해의 문제는 기독교의 예배를 타종교의 예배와 구별시키는 가장 독특한 것이다.

그러므로 진정한 예배는 그리스도 중심이어야 한다. 그리스도 중심의 예배는 그리스도의 속죄를 힘입고 그를 통해서 예배하는 것으로, 우리는 그리스도의 대속의 공로를 힘입어 그를 통하여 하나님의 거룩한 은혜의 보좌 앞으로 나아가야 한다.

예배의 원동력인 성령

교회의 특징은 역동성이며, 역동성을 만들어내는 것은 그리스도 안에서 주어진 교회의 생명력이다. 그 생명력은 예배를 통해서 드러나며 확인된다. 그리고 예배에 생명력을 넘치게 하는 것은 바로 성령이시다. 이 성령의 사역에 의해 교회는 주목받으며 어떤 목적을 향해 힘 있게 활동하게 된다. 그러나 오늘날 교회가 주목을 받는 까닭은 생기가 넘치기 때문이 아니라 쇠퇴하기 때문이다. 칼 헨리(Carl Henry) 박사는 이렇게 말했다.

"20세기의 기독교는 성령님의 자리에 인간을 앉혀놓았다. …… 교회가 성령님을 유랑자로 만들면, 성령님이 아니라 교회가 방랑자가 되고 만다."

예배는 성령의 능력이 없이는 불가능하다. 예배 가운데 성령은 필수 요건이다. 이것이 하나님 중심 예배의 독특한 모습이다. 성령은 예배에서 하나님의 구원 역사를 예배자에게 내적으로 증거하여 깨닫게 할 뿐만 아니라 감동시키는 하나님의 영이시다. 성령의 사역으로 인해서 예배자는 예배 속에서 현재적인 응답을 하게 된다.

예배의 진실성 여부는 예배자가 얼마나 성령의 인도 아래 영과 진리로 드리는가에 달려 있다고 볼 수 있다. 어떤 형태로든 찬송 부르고 기도하고 성경 봉독하는 일들은 참된 예배를 드리는 마음 없이는 행할 수 없다. 하나님의 구원 사실에 대한 응답이요 축하를 예배라고 할 때, 그 놀라운 구원 사실이 절실하게 느껴지지 않는 한 결코 예배자의 진정한 응답은 있을 수 없다. 여기에 예배에서 성령 사역의 중요성이 있는 것이다.

"영과 진리로"(요 4:24)라는 말도 영이신 하나님은 영으로서만 예배 받으실 수 있다는 뜻이다. 영과 진리로 예배드린다는 것은 성령의 인도하심과 강권하심 아래서 예배하는 것을 말한다.

하나님의 말씀인 성경에 대한 바른 이해

아서 핑크(Arthur Pink)는 이렇게 말했다.

"기독교는 한 책의 종교이다. 기독교는 성경이라고 하는 깨어질 수 없는 반석 위에 자리잡고 있다. 기독교 진리의 전체 구조는 바로 하나님의 영감으로 이루어진 성경이라는 기초 위에 수립되어야 한다."

이것은 성경은 믿음과 윤리에 있어서만 지배적이 되어야 하는 것이 아니라 하나님의 법으로서 교회의 예배와 정치를 지시해야 한다는 것이다. 칼빈에게 성경은 그 자신의 말로 'la saincte parole et loi de Dieu(하나님의 거룩한 말씀이며 율법)' 이었다. 청교도들은 오직 성경이 최고의 유일한 예배의 표준이라는 그들의 주장에서 칼빈을 따랐다.

예배의 대상을 이해하는 방법이 있다면 하나님의 말씀인 성경을 통해서이다. 우리는 하나님의 말씀인 성경을 통해서 하나님을 알게 되고 예배의 방법과 절차를 알게 된다. 그러므로 진정한 예배는 성경의 계시에 바탕을 둔 예배이다. 성경의 가르침을 따른 예배라야 진정한 예배가 될 수 있다.

그러나 그것은 하나님의 말씀을 하나님의 말씀으로 인정하는 우리의 신앙 고백에서부터 시작된다. 한국의 장로 교회는 총회신학대학원 박용규 교수가 「한국 장로교 사상사」에서 말하고 있는 것과 같이 처음부터 성경이 하나님의 정확 무오한 말씀이라는 기독교의 교리를 지지해 왔고 거기에서부터 예배가 드려졌다. 그러나 오늘날 많은 사람들이 이 고백을 거부하고 자기 논리와 상황에 맞추어 말씀을 이해하고자 한다. 심지어는 예배를 실용주의적 관점에서 이해하여 하나의 기업을 경영하듯이 이벤트화하려는 경향까지 있다. 이것은 하나님의 말씀인 성경을 실용주의적 관점에서 받아들인 결과이다.

성경을 어떻게 받아들이는가에 따라 예배는 달라진다. 예배의 순서를 논함에 있어 성경의 권위 문제 곧 성경에 대한 바른 신앙 고백 문제를 말하는 것은 바로 이것이 교회의 존립에 관한 실제적 근원이며 기초이기 때문이다. 우리는 성경에 대한 바른 신앙 고백 위에서 바른 예배를 드릴 수 있다. 성경은 하나님의 계시이고 예배는 경건한 것이기 때문이다.

효과적인 예배는 반드시 성경적 근거를 가진 것이어야 한다. 시대를 이해하고 반영하는 것은 중요하다. 하지만 예배의 본질을 외면하고 예배의 효과성만 노려서는 안 된다. 찬양, 감사, 고백, 사죄의 확신, 말씀의 선포, 헌신의 다짐을 위한 기회가 제공되어야 한다. 예배의 본질은 하나님의 말씀인 성경을 통해서 확인되고 조정된다. 그리고 그러한 모든 것은 성경에 대한 바른 신앙 고백에서부터 시작된다. 그러므로 바른 예배는 하나님의 말씀에 대한 올바른 이해에서 비롯된다.

기독교 예배의 근거는 실용주의가 아니고 신학이며 성경이다.

예배에 대한 신학적 바른 이해

예배가 최상의 영광과 존귀를 받으시기에 합당한 하나님께 드려지는 순종과 봉사의 행위라고 했을 때, 하나님께서 기뻐하시는 예배를 드리기 위해서는 예배에 대한 신학적 이해가 우선되어야 한다. 예배는 그 자체 안에 신학을 동반하고 있기 때문이다.

예배와 신학의 불가분리성에 대해서 레이번 교수는 "신학을 결정하는 것이 예배를 결정한다는 가정을 언제나 명심해야 한다"고 했고, 지글러 박사는 "신학 없는 예배는 감상적이고 유약하다. 또한 예배 없는 신학은 냉랭하고 그 자체에 생명력이 없다"고 말하면서, 예배에 대한 신학적 이해가 있을 때에 그 예배의 성격과 생동력이 바로 될 수 있음을 지적했다.

지금까지 예배를 계획함에 있어서 필수적인 요소들을 언급하면서 예배의 대상으로서의 하나님, 예배의 중보자 예수 그리스도, 예배의 원동력이신 성령에 관해 언급했다. 이제 여기에서는 예배를 계획할 때에 필수적으로 고려되어야 하는 두 가지 요소, 공동체적 행위로서의 예배와 삶으로서의 예배를 첨가하고자 한다.

예배는 공동체적인 행위이다

오늘날 교회 안에는 예배의 공동체적인 의의를 이해하지 못하는 사람들이 많다. 그들은 회중 예배의 필요성을 거부하며 다음과 같이 말한다.

"그리스도 안에 있는 모든 사람은 그리스도의 몸으로 우리는 언제 어디에서나 하나님께 예배할 수 있다."

그들의 주장은 일면 옳다. 하지만 그들은 개인 예배와 구별되게 모든 신자는 그리스도의 몸의 지체라는 사실을 잊고 있다. 신자는 단순한 개체가 아니라 하나님의 몸의 일부이다. 요한복음 15장의 표현대로 나무에 붙어 있는 가지이며 몸의 지체(고전 12:14)이다. 그리스도인은 모두 하나님의 자녀로서 그의 가족의 일원이다. 교인은 누구나 다 그리스도의 몸이라는 생각을 잊지 말아야 한다.

그러므로 예배는 고립된 개개인의 행위가 아니라 교회 전체의 행위이다. 우리는 그리스도의 몸의 다른 지체들과 함께 공중 예배에 참여함으로써 예배의 풍성함을 경험하고 그리스도의 몸된 지체임을 확인한다. 물론 서로의 개성과 하나님과의 개별적 신앙 관계를 인정하지 않는 것은 아니지만, 그럼에도 불구하고 모든 그리스도인들은 하나님 앞에서 한 형제요 가족이라는 연대성을 인식하고 있어야 한다. 그럴 때에 예배를 드리는 세계 교회들은 하나의 거룩한 공회로서 성도가 서로 교통하는 교회의 본질을 이탈하지 않게 된다.

예배는 그리스도인의 전 삶이다

한국 교회 신자들의 가장 큰 특징 중의 하나는 예배와 생활이 연결되지 않고 분리되어 있다는 것이다. 오죽하면 '예배당에서는 천사, 집에서는 마귀'라는 말이 나왔겠는가! 이것은 바울과 루터의 고백적 선언인 '오직 믿음으로'의 '믿음'을 편협하게 해석하여 소위 믿음 최고주의, 믿음 지상주의, 믿음 만능주의가 교회를 지배했기 때문이다.

바울 시대에는 종교가 곧 인간의 삶이었으므로 예수 그리스도를 믿는다는 것은 예수 그리스도의 삶을 사는 것을 의미했고, 루터가 말한 믿음도 신앙인의 중심과 삶을 분리하는 의도가 아닌데 한국 교회의 신자들은 믿음을 종교적 행위나 교회 생활로 국한시켜 버리고 말았다. 그러므로 진정한 예배는 예배당 안의 예배로 끝나는 것이 아니라 생활 가운데서 행동으로 나타나야 한다.

예배란 하나님께 드리는 것인 동시에 하나님께로부터 사명을 부여받고 세상에 나아가는 것이다. 하나님께서는 단순히 예배를 받으시는 존재로만 끝나는 것이 아니라 그 앞에 제단을 쌓고 있는 무리들에게 사명을 부여하고 계시는 것이다. 따라서 예배자는 신령과 진정으로 하나님께 예배를 드림과 동시에 하나님께로부터 사명을 받아 세상 속에서 그리스도인의 증인이 되며 생활 속에서 그리스도인으로 살아가야 한다. 여기에 바로 그리스도인의 삶과 유리되지 않는 예배의 신학적 연속성이 있다.

예배 순서를 통제해야 할 실제적 원리

오늘날 우리 시대 예배 신학의 과제는 예배를 예배되게 함과 동시에 예배가 성도들의 필요와 어떻게 만날 수 있느냐 하는 것이다. 수 많은 예배가 있지만 준비되지 않음으로 인해 전통과 형식이라는 단순한 논리에 의해서만 진행되어, 예배를 통하여 발견하며 확인해야 할 여러 가지를 잃고 있다. 그러므로 예배를 계획할 때에는 예배를 예배되게 해야 하며 동시에 예배가 성도들의 필요와 만날 수 있도록 준비해야 한다.

이렇게 준비하려면 예배 순서의 일부분이 변할 수도 있다. 그것이 두려워 경험과 지식이 모든 것을 통제하도록 방치한다면 생명력 있는 예배에는 결코 참여하지 못할 것이다. 더불어 그렇다고 해서 성경을 통해 확인된 기본적으로 지켜져야 하는 예배의 요소들을 무시한다면 그것은 예배로서의 위치를 상실하는 것이다.

그러므로 우리가 하나님께 드리는 예배는 다음과 같아야 한다.

(1) 성경의 진리에 모순되는 어떠한 것도 포함하지 말아야 한다.

음악을 연주하는 사람들의 가장 기본이 악보대로 연주하는 것이듯 예배에서 가장 기초가 되고 가장 중요한 원리는 하나님의 말씀을 따르는 것이다. 성경은 제사장이라 할지라도 하나님의 법도를 따르지 않을 때의 결과는 죽음임을 기술한다.

나답과 아비후는 여호와께서 명하시지 않은 다른 불을 여호와 앞에 드렸기 때문에 죽었다(레 10:1-2). 나답과 아비후만이 아니다. 사울 역시 임의로 자신이 제사장 역할을 행하여 파멸을 초래했으며(삼상 13:8-15), 웃사의 경우 법궤를 만졌다는 이유(삼하 6:1-11)만으로, 그것도 위급한 상황으로 여겨지는 자리에서 만졌음에도 불구하고 법도에 어긋나는 것이므로 죽음을 피할 수 없었다. 예배의 기본 원리는 하나님의 말씀에 따르는 것이다.

(2) 예배 순서는 역사적으로 좋은 전통을 보전하고 있어야 한다.
종교 개혁자 칼빈은 말씀이 올바로 선포되고 성례를 지키는 곳이 교회라고 말한 바 있다. 이 말은 바른 예배란 올바르게 선포되는 말씀과 제대로 집행되는 성례에 달려 있다는 뜻이다. 오늘날 우리가 행하고 있는 예배의 많은 순서들은 2천년의 교회사를 통하여 이루어진 것이다. "개혁된 교회는 항상 개혁되어야 한다"는 개혁주의 전통을 고수한다고 하더라도 역사적으로 좋은 전통은 따라야 할 것이다.

(3) 좋은 예배 순서는 회중들에게 이해되는 것이다.
예배가 지나치게 신비적이 되고 교역자들의 전유물이 되면 회중들이 이해할 수 없는 하나의 드라마로 전락하고 만다. 그러면 회중들은 참여자가 아닌 구경꾼으로서만 예배에 참예하게 된다. 그러나 좋은 예배 순서는 그 자리에 모여 있는 예배자들 곧 회중에게 이해될 것이고, 현재 생활의 환경에 복음을 적응시키게 될 것이다.
이러한 근본적인 원칙 때문에 영국의 종교 개혁자들은 일반 민중의 말로 된(그들이 표현하는) 기도서를 전해 주었다. 그것은 일반인이 이해할 수 없는 라틴어가 아니라 누구나 쉽게 이해할 수 있는 영어로 되었다. 예배 프로그램은 교회가 접근을 시도하고 있는 사람들의 필요와 부합하는 것이어야 한다.

(4) 공중 예배의 모든 경험은 일정한 목적과 보이는 목표를 가

져야 한다.

예배의 의미를 뜻깊게 하기 위해서는 예배의 모든 요소가 일정한 목적을 가져야 한다. 설교자가 분명한 주제를 가지고 있다면 회중과 설교자의 관심은 그 목표에 집중될 것이다. 예배의 주제가 없다면 회중 역시 하나님 안에서 떠돌게 될 것이다.

(5) 좋은 예배 순서는 통일성을 가져야 한다.

(6) 공중 예배는 연극의 줄거리처럼 진행과 전진이 있어야 한다.
그 날 드리는 예배의 핵심인 설교와 모든 것이 연관되어야 한다. 시작하는 멘트에서 성가대, 기도, 떠나가는 순간까지 모든 예배의 순서가 하나를 향해 있어야 한다.

(7) 좋은 예배는 회중의 참여가 있어야 한다.
좋은 예배의 형식에는 상태와 동작, 침묵과 표현, 서는 것과 앉는 것, 전하는 말과 음악 및 교역자의 참여와 회중의 참여를 대조하는 교제가 필요하다.

예배 순서 계획을 위한 지도적 원리

하나님께 합당한 예배를 드리기 위해서는 거기에 맞는 예배의 구성과 순서가 절대적으로 필요하다. 예배를 받으시는 하나님은 질서의 하나님이시기 때문이며, 무질서한 예배는 하나님의 영광을 손상시킬 뿐만 아니라 예배자를 혼동케 하기 때문이다.

예배의 구성 요소와 순서에는 나름대로의 원칙이 있다. 한마디로 말하면 '인간이 하나님께 나아가는 일'과 '하나님께서 인간에게 오시는 일' 그리고 '인간의 변화로 인한 결단과 헌신하는 일' 이 세 가지 사건이 발생하도록 예배의 순서가 구성되어야 한다.

(1) 준비된 사람들이 예배 순서에 책임을 맡아야 한다.

이 책임은 성실하게 맡겨져야 하고 훈련을 쌓아 추진되어야 한다. 만인이 제사장(벧전 2:9-10)임은 더 이상 거론할 여지가 없다. 그러나 공예배가 하나님께 드려지기 위해서는 모든 사람들이 하나님 앞에 나아갈 수 있도록 준비되어야 한다.

(2) 예배의 효과적인 순서를 계획하는 데 많은 시간을 바쳐야 한다.

사람들이 하나님께 나아가는 것을 돕기 위해서는 순서 하나하나가 주의 깊게 계획되고 준비되어야 한다. 설교를 준비하는 것처럼 예배 순서 하나하나에 주의를 기울여야 한다.

(3) 예배 순서는 그 회중에게 적합해야 한다.

예배 순서는 회중에게 적합한 것이어야 한다. 곧 회중의 문화에 맞는 것이어야 한다. 그러므로 예배 순서를 짤 때에는 예배의 대상을 고려해야 한다.

(4) 예배 순서를 짤 때 교역자는 마음에 일정한 목적을 가져야 한다.

(5) 비록 한 절기가 다른 절기보다 더 중요하지는 않지만, 많은 교회는 기독교 월력에 따라서 예배를 계획하는 것이 도움이 된다는 것을 발견한다.

(6) 예배 순서에서 일정한 양의 변화는 사람들의 주의를 끌고 예배로 그들의 관심을 더 높게 한다.

(7) 주보나 혹은 다른 보조물의 사용은 예배를 계획하는 인도자들을 도울 수 있다.

(8) 프린트되거나 복사된 예배 순서는 예배드릴 때 회중을 도울 수 있다.

(9) 저녁 예배 의식은 아침 예배 의식과는 조금 달라야 한다고 흔히 권한다.

(10) 예배의 계획은 건물과 시설의 준비를 포함한다. 예배당은 매력있게 지어져야 한다.

(11) 창조성은 생동적인 예배에 필수적이다.
하나님의 구원 계획은 한 번도 변한 적이 없다. 그러나 구원 방법은 각 시대마다 조금씩 달랐다. 하나님께서는 각각의 시대에 적합한 방법으로 다가오셔서 구원의 방법을 제시하셨다.
효과적인 예배(하나님께서 받으시는 예배)가 되기 위해서는 예배의 초점이 하나님을 향해 있는지, 성경적 예배의 요소들을 포함하고 있는지를 먼저 점검해야 한다. 그러기 위해 예배를 드릴 때마다 이렇게 질문해야 한다.
'예배의 모든 부분들을 주의 깊게 계획하고 있는가? 교인들에게 참으로 의미 있는 것으로 여겨지는 예배인가? 예배에서 사용할 수 있는 감각적, 정서적, 이성적, 영적, 동작적 기구들을 사용하는 데 균형을 이루고 있는가? 예배의 예술성은 교인들의 문화 수준에서 만족할 만한 것인가? 예배 때 교인들이 하나님의 임재를 경험할 수 있는가? 다양한 계층의 예배자들의 영적 필요를 충족시켜 주는 예배인가? 예배에서 한 순서 한 순서의 진행이 매끄러운가? 대표 기도가 너무 길지는 않은가? 예배의 분위기는 뜨겁고 친밀감이 있는가?'

제시된 예배 형태

예배 구성의 원칙

바람직한 예배 순서를 정하는 데는 신구약 시대의 예배 역사와 교회의 전통을 통해 내려온 예배에 관한 유산(遺産)을 고찰할 필요가 있다. 특히 개혁주의의 영적 후예 중 하나인 장로 교회에는 개혁자들의 신학 실천의 한 결과였던 예배 순서의 구성과 진행에 관한 내용들이 오늘의 예배 모범을 위한 하나의 좋은 원재료(原材料)가 될 수 있을 것이다.

앞에서도 언급했듯이 종교 개혁 시대의 예배는 크게 세 가지 형태로 구분된다. 첫째는 가장 보수적인 개혁성을 띤 루터주의의 예배 형태로서, 로마 가톨릭 시대의 것을 상당히 축소하긴 했지만 많은 부분을 그대로 보유하고 있었던 예배 의식이다. 둘째는 루터보다는 용감했지만 츠빙글리보다는 급진적이지 못했던 온건한 칼빈주의의 예배 형태로서, 오늘날 장로 교회 또는 개혁 교회 예배 의식의 원형이다. 셋째는 가장 급진적인 츠빙글리가 주장한 예배 형태로서, 재침례교 및 퀘이커교와 같은 청교도적 전통의 독립 교회의 예배 의식의 근간이 된 것이다.

제네바 교회의 예배 순서와 그 진행

칼빈은 개혁 신학에 가장 큰 공헌을 했는데, 그 공헌 가운데 하나가 예배 의식서를 만드는 데 지대한 영향을 준 것이었다. 칼빈은 1537년에 제네바에서 개혁의 첫 초안을 준비했다. 그 초안은 네 가지를 다루고 있었다. 처음의 두 가지(주님의 성만찬과 공중 예배에서 부르는 노래)는 예배에 관한 것이었고 나머지 둘은 자녀의 종교 교육과 결혼에 관한 것이었다.

그가 1542년에 펴낸 「초대 교회의 예전 내용을 연구한 예식서」에 나타난 예배 형태의 순서는 '제네바 예배 의식(Genevan Service Book)'이 되었고, 수세기를 내려오면서 대다수 개혁 교회 예배의 한 모델이 되었다. 그러므로 칼빈이 제네바에서 사용한 예배 순서의 개요를 살펴볼 필요가 있다.

칼빈의 예배 순서를 종합적으로 살펴보면 다음의 세 가지 원리에 의해서 순서가 배열되었음을 알게 된다. 첫째는 죄의 고백과 용서의 부분이고, 둘째는 하나님의 말씀 선포의 부분이며, 셋째는 삶 속의 헌신과 세상으로의 선교적 파송 부분이다.

예배 순서
① 예배의 말씀(개회의 선언)
② 참회의 기도(죄 고백)
③ 용서를 구하는 기도
④ 용서의 선언
⑤ 회중의 시편 찬송
   (1545년부터 십계명 첫 부분 낭독이 첨가됨)
⑥ 중보의 기도(성령의 임재를 위한 기도)
⑦ 회중의 시편 찬송

(1545년부터 십계명 두 번째 부분이 낭독됨)
⑧ 주기도문
⑨ 설교 전 설교자의 기도
⑩ 설교
⑪ 설교 후 기도(목회의 종합적인 기도)
⑫ 주기도문의 해설
⑬ 회중의 시편 찬송
⑭ 아론의 축복 기도(민 6:24-26)

성찬 순서

성찬은 설교 후 목회 기도가 끝나면서 노래로 된 사도신경으로 신앙을 고백하며 시작됐고, 그 사이에 집례자는 빵과 잔을 식탁 위에 준비했다. 1545년부터 주기도문과 함께 축복의 성찬을 위하여 기도를 했으며, 기도 후 집례자는 고린도전서 11장 23-29절을 낭독하고 성찬에의 참여를 권고한 다음 성찬을 나누어주었다. 성찬이 진행되는 동안에는 성찬과 연관된 성경 말씀을 낭독했으며, 분병과 분잔이 끝난 후에는 감사의 기도와 축도로 마쳤다.

바람직한 예배 순서의 모형

칼빈을 위시한 개혁자들의 예배 순서를 종합적으로 살펴보면 다음의 세 가지 원리에 의해서 순서가 구성, 배열되었음을 알 수 있다. 첫째는 하나님께 나아가는 예배의 개회 부분이고, 둘째는 하나님께서 오시는 말씀 선포의 부분이며, 셋째는 하나님을 위한 결단과 헌신의 부분이다. 칼빈은 "교회 안에 의식이 증가하면 그리스도인의 자유가 감소되고 믿음이 예식으로 바뀐다"는 근거 위에서 예배의 단순성을 주장했다.

하나의 모범적인 주일 공예배의 순서를 다음과 같이 만들어볼 수 있을 것이다.

개회(하나님께 나아가는 부분)
- 전주(오르간 연주)
- 예배의 선언
- 개회 찬송(경배의 찬송)
- 예배의 기원
- 화답송(성가대)
- 참회의 기도
- 사죄의 선언(목회자)
- 신앙고백(사도신경)
- 화답송(성가대)
- 성시 교독
- 찬송
- 목회 기도(목사나 장로)
- 화답송

말씀의 선포(하나님께서 오시는 부분)
- 성경 봉독
- 찬양(성가대)
- 설교
- 결단의 기도(합심해서)
- 찬송(말씀에 대한 응답의 찬송)

결단과 헌신(하나님을 위한 부분)
- 헌금
- 감사 기도(목회자)
- 교회 소식
- 찬송(주기도문송)
- 축도
- 후주(오르간 연주)

【 생각해 볼 문제 】

1. 계획된 예배와 성령의 역사하심의 관계를 설명하라.

2. 예배 순서를 결정짓는 요소들은 무엇인가?

3. 예배를 계획할 때에 예배를 준비하는 사람들은 누구나 좋은 예배 순서를 만들고 싶어한다. 좋은 예배 순서를 만들기 위해 반드시 기억해야 할 것이 있다. 무엇인가?

4. 예배의 구성 요소와 그 순서에는 나름대로의 원칙이 존재한다. 하나님과 인간 사이에서 벌어지는 세 단계가 있다. 이것을 순서대로 나열해 보라.

7 예배의 인도

 예배란 무엇인가? 이 하나의 질문에 답하기 위해 지금까지 성경적 근거, 역사적 배경, 신학적 기초 등을 살펴보았다. 하지만 이 물음은 여전히 우리 그리스도인들의 화두로 남아 있다. 이에 대한 신학적, 역사적, 이론적 근거는 우리가 이성적으로 동의함으로써 확인할 수 있지만 그것이 예배의 현장에서 구체적으로 어떻게 표현되는가에 대한 그림이 없기 때문이다.

 그러므로 '예배란 무엇인가'에 대한 하나의 정의를 이렇게 가정해 보려고 한다. 즉 예배는 하나의 오케스트라(A Symphony Orchestra)이다. 오케스트라의 연주회에 가본 경험이 있거나 텔레비전을 통해 연주회의 실황을 본 적이 있다면 쉽게 연주 장면을 떠올릴 수 있을 것이다. 이 장면을 통해 우리는 예배란 무엇인가, 예배는 어떻게 계획하고 준비해야 하는가를 알게 된다.

 오케스트라는 크게 지휘자와 단원으로 구성되어 있다. 단원들은 각기 다른 자기의 악기를 지니고 연주회장에 들어간다. 지휘자와 각기 다른 악기를 지닌 단원들을 하나로 묶어주는 매개체는 악보이다. 서로가 가지고 있는 동일한 악보가 하나의 연주를 가능하게 하는 것이다.

우리가 예배를 드리기 위해 예배당에 앉으면 이런 모습이 된다. 예배를 인도하는 사람이 앞에 있고 교인들은 회중석에 앉아 있다. 예배 인도자와 교인을 하나로 묶어주는 매개체는 서로가 가지고 있는 동일한 악보 즉 하나님의 말씀인 성경이다.

그런데 오케스트라의 특징은 동일한 악보를 똑같은 사람들이 연주하는데도 지휘자가 누구냐에 따라 연주가 달라진다는 것이다. 이는 악보가 지휘자에 의해 해석되기 때문이다. 지휘자가 악보를 어떻게 읽는가에 따라 동일한 곡도 다르게 들린다. 그러므로 누가 지휘 하는가는 매우 중요하다.

오케스트라는 지휘자에 의해 좌우된다고 말할 수 있을 만큼 지휘자의 영향력은 절대적이다. 예배 역시 마찬가지이다. 동일한 회중이 같은 악보인 하나님의 말씀을 가지고 있지만 예배 인도자가 어떤 사람인가에 따라 예배는 엄청나게 달라진다. 우리가 수없이 경험했고 또 경험하고 있는 사실이다. 그러므로 먼저 예배 인도자에 관해 알아보자.

예배 인도자

예배에 대한 한 사람의 바른 이해가 영적 부흥을 가져온다. 지휘자에 따라 연주가 달라지듯이 예배 인도자가 어떤 사람인가에 따라 예배는 많이 달라진다. 동일한 하나님의 말씀을 가지고 동일한 사람들과 함께 예배를 드리지만 본문을 어떻게 해석하고 예배를 인도하는가에 따라 예배는 달라진다. 그러므로 예배 인도자는 어떻게 해야 예배를 예배되게 할 수 있으며 사람들의 필요를 채울 수 있는지를 언제나 생각해야 한다.

예배 인도자의 정신

예배 인도자는 예배에서 이중적인 역할, 즉 그들 자신이 예배자이면서도 동시에 다른 예배자들을 돕고 인도하는 역할을 수행하는 사람이다. 이 사실을 먼저 분명하게 인식하고 있어야 한다.

예배자

예배 가운데 우리는 스스로가 얼마나 악한 존재인지와 하나님의 선하심을 깨닫게 된다. 그것이 바로 참된 예배의 목표이다. 그리고 웨스트민스터 신앙 고백서가 말하는 진리를 발견하게 된다. "사람의 제일되는 목적은 하나님을 영화롭게 하고 영원토록 그를 즐거워하는 것이다."

영화롭게 하는 것과 즐거워하는 것은 분리될 수 없다. 예배에서 하나님을 영화롭게 하라는 부르심은 하나님을 충분히 맛보고 누리라는 초청이다. 이것은 모든 그리스도인들을 향한 것이다.

예배 인도자는 사람들 앞에서 예배를 인도하는 예배 인도자이기 전에 한 개인으로서 하나님 앞에서 예배자이다. 그럼에도 불구하고 예배 인도자는 다른 사람들, 곧 회중이 어떻게 예배에 참여하며 은혜를 받을 것인가에만 온통 신경을 집중하느라 자신이 예배자라는 사실을 쉽게 망각한다. "나의 사랑, 나의 어여쁜 자야 일어나서 함께 가자"(아 2:10)라는 하나님의 사랑의 고백을 듣지 못한 채 외로이 예배라는 일 속에 빠져들 수 있다는 것이다.

예배 인도자는 선수이며 동시에 코치이다. 예배자인 동시에 예배 인도자이다. 그러나 너무나 많은 예배 인도자들이 다른 사람들을 코치하는 데 온 마음을 쓰느라 자신들은 전혀 예배에 참

예하지 못한다. 온 회중이 예배를 드리도록 하는 데 온 마음이 빼앗겨서 자신은 예배를 드리지 않는다.

예배자가 모두 예배 인도자일 수는 없다. 그러나 모든 예배 인도자는 하나님을 예배하는 참 예배자여야 한다. 하나님 앞에서 영과 진리로 예배하는 사람은 참 예배 인도자가 될 수 있다. 그러나 능력 있는 예배 인도자라고 해서 모두가 참 예배자는 아니다. 그러므로 예배 인도자는 "내가 내 몸을 쳐 복종하게 함은 내가 남에게 전파한 후에 자신이 도리어 버림을 당할까 두려워함이로다"(고전 9:27)의 말씀을 깊이 새기며 인도자 이전에 예배자가 되어야 한다.

예배 인도자

하나님께서는 자신이 하셨고, 하고 계시며, 행하실 일 때문에 찬양과 감사를 받으신다. 예배는 하나님의 구원 사건을 전제하며 축하하고 있는데, 구원 사건은 이미 발생했고 발생하고 있으며 앞으로 발생하게 될 것으로부터 시작한다. 그러므로 예배 인도자는 하나님께서 행하신 구원 사건을 드러내어 사람들로 하여금 기억나게 하고, 지금 행하고 계시는 일들을 보여주며, 앞으로 행하실 미래의 일들을 제시함으로써 사람들이 하나님께 집중하도록 도와야 한다.

그러기 위해서는 "임금 앞으로 다른 사람들을 인도하는 사람은 그 임금의 나라로 여행하여 임금의 얼굴을 바라본 경험이 있어야 한다"는 찰스 해든 스펄전(Charles Haddon Spourgeon)의 말과 같이 반드시 먼저 하나님을 예배하는 사람이어야 한다. 하지만 그는 동시에 예배를 인도하여 사람들로 하여금 하나님을 예배하도록 돕는 사람이다. 그러므로 자기 혼자 예배에 도취하여 다른 모든 것을 잊고 있다면 이것 역시 잘못된 것이다.

따라서 예배 인도자는 자신이 예배자인 동시에 예배 인도자임을 분명히 자각하고 있어야 한다.

예배 인도자의 역할

예배 인도자는 회중들에게 공적인 예배의 중요성을 가르쳐야 한다. 공적인 예배는 하나님께서 정하신 예배의 가장 중요한 방식이기 때문이다. 이스라엘 역사를 보라. 어느 때든지 하나님을 경배하고 하나님께 예배하는 크고 작은 무리들이 있었다. 모여서 하나님을 예배하는 것은 편의의 문제가 아니라 하나님의 명령이다.

함께 모여서 예배하고 하나님을 경배하는 것은 우리의 신앙생활에 도움이 되기 때문이 아니라 그 자체가 하나님의 명령이었다는 사실에 주목할 필요가 있다. 청교도 시대에도 목회자의 주요 임무 중 하나는 주민들을 공적인 예배에 출석하도록 하는 것이었고, 나아가 의무적으로 예배에 참석하도록 법률까지 정했던 것을 보면 예배를 기피하는 인간의 타락한 본성이 얼마나 끈질긴 것인지 잘 알 수 있다.

공적인 예배에 참석해야 할 성도의 의무는 교회에 대한 것도 아니고 목회자를 향한 것은 더더욱 아니다. 그리스도인이 공적인 예배에 참여하는 것은 목회자나 교회를 위한 것이 아니라 자신의 영적인 유익을 위한 특권이고 하나님을 위한 의무이다. 성도는 영혼의 유익을 위하여 공적인 예배에 참여해야 한다. 그러므로 반복해서 강조하고 가르쳐야 한다. 하나님의 명령이기 때문이다.

예배 인도자는 예배의 성경적 원리를 중시하여 그 정신을 잃지 않고 유지해야 할 뿐 아니라 작은 형식들까지 기억해야 한다. 그리고 하나님과 사람을 연결하는 작업은 하나님과 사람을 동시에 이해할 때에야 가능하다.

오케스트라의 지휘자는 곡을 해석하는 능력과 악기 소리를 들을 수 있는 능력, 해석한 곡을 악단의 수준에 맞추어 연주할 수 있는 준비가 되어 있어야 한다. 그처럼 예배 인도자 역시 하나님의 말씀에 익숙해야 하며 성도들의 삶을 알아야 한다. 그럼에도 불구하고 예배 인도자의 준비 부족, 자질 부족, 자기 중심적인 태도로 인하여 예배가 껍데기만 남는 경우가 허다하다.

예배 인도자는 예배가 바로 자신의 삶의 결정체라는 사실을 언제나 깊이 염두에 두어야 한다. 그것을 위해 예배 인도자는 히브리서 11장 6절의 말씀처럼 하나님이 계신 것과 하나님께서는 하나님을 찾는 자들에게 상 주시는 분임을 분명히 믿고 나아가야 한다.

예배 인도자의 문제점

누구나 아름답고 의미 있는 예배, 하나님을 깊이 경험하는 예배를 드리고 싶어한다. 그러나 생명력 있는 분명한 예배에 참여했다고 고백하는 사람은 많지 않다. 예배는 분명히 하나님께 드리는 것이고 우리는 그 예배를 통해 새로운 동력을 공급받게 된다고 말한다. 그럼에도 불구하고 그런 예배를 경험하지 못하는 많은 이유가 예배 인도자들에게 있다. 그러므로 이제 예배 인도자들이 종종 범하는 실수를 살펴보려고 한다. 그것은 위에서 언급한 것처럼 준비 부족과 자질 부족 그리고 자기 중심적인 태도이다.

준비 부족

 예배를 위한 인도자의 준비가 부족하거나 임시 변통적이면 신령과 진정으로 드리는 예배는 불가능하다. 그러므로 예배 인도자는 예배를 위해 완벽하게 준비해야 한다. 하나님 앞으로 나아가는 것은 두려운 일이다. 인도자는 특별한 때마다 자신을 새롭게 다짐해야 한다. 개인 기도 시간은 특히 중요하다. 아마 그는 예배당에 들어가기 전에 다른 헌신의 순간을 위하여 연구하는 가운데 무릎을 꿇기 원할 것이다.

자질 부족

 인도자의 절대적인 자질 곧 삶의 태도가 잘못되었거나 자세가 부적절할 때에는 생명력 있는 예배를 드리기 어렵다. 특히 겸손, 경건, 엄위로우신 하나님의 임재하심 앞에서 회개하는 자세 등이 인도자에게서 부족할 때 그 예배는 문제가 있다. 더욱이 설교자 자신의 생활에서 실천하지 못하는 윤리 설교를 자주하거나 십자가의 깊은 의미와 조건 없는 사랑의 의미 등에 대해 설교하기를 기피하는 것은, 그가 예배 인도자로서의 기초적인 자질이 있는 것인지 심각하게 질문하게 한다.
 또한 예배 인도자들이 종종 대인 관계에서 과실을 범하여 스스로를 곤경에 빠지게 하기도 한다. 때로는 성도들과 불화하는 경우도 있다. 이 경우 예배 인도자로서의 자질 부족을 보완할 만한 신앙과 이론 정립에 대해 인간적 또는 전문적 지식이 미숙한 상태라고 할 수 있다.

자기 중심적인 태도

 많은 예배 인도자들의 처신이 지혜롭지 못하다. 그들은 그리스도를 통한 하나님에게 중점을 두기보다는 자기 자신에게 중점을 둔다. 그리스도가 존귀해지기보다는 자신이 대우를 받는 일에 더 관심이 많다. 성도들을 영성으로 인도하기보다는 즐겁게 해주려는 데 관심이 더 많다. 하나님을 성도들의 찬양과 진정한 예배의 순전한 대상으로서가 아니라 예배의 관람자로 생각한다. 자신이 하나님을 얼마나 진심으로 사랑하는가를 보여드리지 않는다.

그러나 하나님의 종 대신에 하나님이 중심이 될 때 우리의 예배는 자신들에게 의미 있을 뿐 아니라 하나님을 더욱 기쁘시게 하는 참 예배로 발전하게 될 것이다.

예배 인도자가 갖추어야 할 것

예배 인도자에게는 언제나 신령과 진정으로 하나님을 예배하는 마음의 준비가 필요하다. 그것은 예배자인 동시에 인도자인 사람에게 필수적인 요소이다. 예배 인도자에게는 예배 가운데서 사람들을 하나님께 인도할 수 있는 자질과 능력이 필요하다.

예배를 위한 비전(방향 감각)을 가져야 한다

인도자는 예배를 위한 비전을 가져야 한다. 그래야만 예배의 대상인 하나님께서 요구하시는 예배의 본질과 예배자들이 요구하는 예배 사이에서 긴장을 유지하며 온전한 예배를 드릴 수 있다. 하나님께서는 사람들에게 온전한 예배를 요구하시지만 사람들은 죄성으로 인해 언제나 눈에 보이는 어떤 것을 추구하기 때문이다.

청중의 말을 들을 줄 알아야 한다

아이들과 이야기를 해보면 그들이 얼마나 열심히 귀기울여 듣는가를 알 수 있다. 아이들은 한마디라도 놓칠세라 눈을 반짝이며 듣는다. 물론 얼마만큼 이해하는가 하는 것은 다른 문제이다. 그런데 어린아이에게 "가서 자라. 그래야 내일 일찍 일어나지"라고 말한다면 아이가 자러는 가겠지만 속으로는 이렇게 생각할지도 모른다.

'엄마 아빠는 내가 옆에 있는 게 싫은가 봐. 날 귀찮게만 생각해.'

중요한 것은 '당신이 무엇을 말하는가' 하는 것이 아니라 '그들이 무엇을 듣는가' 이다. 아이들은 열심히 듣긴 하지만 그 말의 깊은 뜻은 잘 파악하지 못한다. 이와 같은 예배 인도자와 회중 사이의 단절된 대화를 막고 생명력 있는 예배를 드리기 위하여 예배 인도자는 듣는 능력을 갖추어야 한다.

침착해야 한다

살다 보면 예기치 못한 일을 종종 경험하게 된다. 예배를 드리는 도중에 예기치 못한 일들, 성령의 역사나 다른 어떤 일들이 종종 발생할 수 있으므로 그런 일들에 여유를 가지고 반응할 수 있어야 한다.

예배 인도자가 기억해야 하는 예배 요소들

이제까지 예배 인도자의 보이지 않는 부분인 성품과 자세에 관해 열거했다. 이제 예배의 현장에서 인도자가 어떻게 해야 하는지를 알아보자. 구체적인 내용들은 다음과 같다.

①예배 의식의 세목(細目)에까지 완전히 준비해야 한다.

②적절한 정신적 준비는 자신을 균형 있게 하고 침착하게 만들 것이다.

③인도자는 회중과의 인격적인 일치를 추구해야 한다.

④적극적인 태도는 예배에서 사람들을 인도하는 데 필수적이다.

⑤인도자는 '직업적인 목사'의 상투적인 어조를 결코 쓰지 말고 자연스러운 목소리로 말해야 한다.

⑥교역자는 예배 의식을 결코 늦게 시작하지 말아야 하고, 의식의 어떤 부분을 질질 끌거나 적절한 시간의 양보다 더 많이 소비하는 것을 허락하지 말고 시간을 엄수해야 한다.

⑦인도자의 이상한 버릇과 주의를 산만하게 만드는 특성은 예배에 장애가 된다.

⑧인도자의 정신은 옮아간다. 그러므로 예배 인도자는 희망과 열정과 낙관의 정신을 보여야 하고 결코 무관심이나 패배감이나 비관의 정신을 드러내서는 안 된다.

⑨예배 인도자의 특권 가운데 하나는 회중과 더불어 예배에 동참하는 것이다.

⑩교역자는 언제나 자신을 거져주어야 한다. 예배 의식을 통해 다른 사람을 사랑하는 것이 전달되면 사람들에 대한 그의 넓은 관심이 나타나게 되어, 다른 때에도 사람들이 용기를 내어 그에게 와서 상담을 하고 협조를 구할 수 있게 될 것이다.

예배 인도의 원리

기본음 맞추기

다시 오케스트라로 돌아가자. 거기에는 연미복을 입고 지휘봉을 손에 든 멋진 지휘자가 있다. 그리고 지휘자가 보고 있는 악보와 동일한 악보를 보고 있는 단원들이 있다. 그럼 연주할 준비가 다 갖추어진 것일까?

기본적으로는 모든 것이 다 갖추어져 있다. 그러나 한 가지가 빠져 있다. 오케스트라가 연주회장에서 반드시 해야 하는 일이 있다. 제1바이올린이나 피아노에 '라'라는 기본음을 맞추는 것이다. 모든 악기들이 같이 이 음을 기본음으로 하여 소리를 조정해 놓는다.

예배를 인도하는 사람은 언제나 이 사실을 기억해야 한다. 예배를 드리기 위해 교회에 온 사람들 가운데 과연 몇 사람이나 마음을 준비하고 있을까? 거의 대부분이 집에서 일을 하다가, 누워서 잠을 자다가, 아니면 사업을 구상하거나 누군가와 이야기를 하다가 시간이 되었기 때문에 예배에 참석한 사람들이다. 그러므로 그들은 아직 예배에 참여할 준비가 되어 있지 않다.

따라서 예배 인도자는 예배를 시작하기 전에 언제나 '예수 그리스도'라는 기본음에 사람들의 마음을 조율할 필요가 있다. 삶이 다르고 살아온 환경과 능력이 달라 서로 다른 생각을 하고 있는 각 사람들의 마음을 예수 그리스도라는 기본음에 모아놓을 때 참된 예배가 가능하다.

악보대로 연주하기

운전하는 사람은 도로를 따라 주행해야 한다. 음악을 연주하는 사람은 악보대로 연주해야 한다. 이처럼 예배를 드리는 사람은 하나님의 말씀에 따라 하나님께 나아가야 한다. 그러나 종종 예배 인도자가 자신의 기분이나 감정에 얽매여 예배를 인도하는 때가 있다. 자신이 경험한 어떤 사건이나 상황이 예배를 인도하는 순간에 표현되어 사람들을 하나님께로가 아니라 자신의 철학과 감정, 상황으로 인도하는 경우가 종종 발생한다.

지휘자가 악보대로가 아니라 자기의 감정대로 악보를 즉석에서 편곡한다면 단원들은 혼란에 빠지게 된다. 연주회 시간 동안 연주자는 악보대로 연주해야 한다. 예배 인도자는 예배 시간 동안 말씀에 주의하며 최대한 객관적으로 하나님을 소개하면서 하나님께 나아가야 한다. 순간적인 편곡은 금물이다.

철저한 준비

미국 대통령 클린턴에게 누군가가 이렇게 질문했다.

"당신에게 세 시간의 강의를 부탁하려면 얼마의 준비 시간을 드리면 되겠습니까?"

클린턴이 대답했다. "준비 시간은 필요 없습니다. 지금 당장이라도 세 시간을 강의할 수 있습니다."

질문자가 다시 질문했다.

"그렇다면 30분 강의를 위해서는 얼마의 시간의 드리면 되겠습니까?"

"30분의 강의라면 세 시간이 필요합니다."

"3분 강의 시간을 드릴 경우는요?……."

클린턴이 대답했다. "3분 강의면 사흘의 준비 시간을 주셔야 합니다."

세 시간이라면 준비할 시간이 필요 없지만 3분을 위해서는 사흘이 필요하다는 것은, 우리가 일주일에 한 번 드리는 그 짧은 시간의 공예배를 어떻게 준비해야 하는지를 아주 잘 나타낸다.

예배는 우리의 삶의 집약이다. 순간적인 편곡을 방지하기 위해서는 철저한 준비가 필요하다. 예배는 설교뿐만 아니라 모든 의식 순서 하나하나가 완전히 준비되어야 한다. 연주회를 하기 전에 리허설을 하듯이 예배를 위한 리허설까지 필요한 것이다. 그렇게까지 해야 하는 이유는 예배의 대상이 하나님이기 때문이다. 우리는 하나님께서 듣고 박수를 치실 만큼 아름다운 예배를 드리기 원한다. 그것은 철저한 준비에서 시작된다.

회중의 참여

예배 참여자로서의 회중

예배에서 회중은 어떤 존재인가? 단지 설교를 듣고 성가대의 찬양을 감상하며 앉아 있다가 나오는 관중이며 구경꾼인가? 그렇지 않다. 예배에서 예배를 받으시는 분은 하나님 한 분이시다. 성직자를 비롯한 예배 인도자들 역시 회중의 한 부분일 따름이다. 회중은 구경하는 사람이 아니라 하나님 앞에서 공연하며 연주하는 사람이다.

오케스트라가 한 사람의 지휘자와 자신이 연주하는 악기를 들고 있는 많은 연주자들로 구성되어 있는 것처럼, 예배 역시 예배 인도자와 각기 다른 사람들로 구성되어 있다. 회중은 각각 자기 자신이라고 하는 악기를 가지고 나와서 하나님의 말씀인 성경이라는 악보에 따라 하나님을 찬양하는 음악을 연주하는 연주자들이다. 어떤 사람은 바이올린, 첼로와 같이 부드러운 현악기를 또 어떤 사람들은 트럼펫, 플루트와 같은 힘찬 관악기를 연주한다.

이렇게 다양한 인생들이 모여서 예수 그리스도라는 기본음에 마음을 조율하고 우리의 삶 속에서 행하신 하나님의 구원을 찬양한다. 하나님께서 나에게 주신 독특한 악기, 내가 아니면 결코 연주할 수 없는 내 인생이라고 하는 나만의 악기를 가지고 나와 하나님 앞에서 연주하는 것이다. 우리의 인생이라는 악기로 하나님을 찬양하고 노래하면서 하나님께 영광을 돌리는 것이다.

그러므로 조화를 이룬 멋진 화음으로 하나님께 찬송을 드리기 위해서 우리는 예배 인도자인 지휘자의 지휘를 따라야 한다.

그러나 거기에는 한 가지 전제가 필요하다. 삶이 준비되어 있어야 한다. 악기를 연주하는 사람들이 공연장에서 녹슨 악기를 닦고 있거나 초보적인 연습을 하고 있다면 아무리 최고의 지휘자가 있어도 제대로 소리를 낼 수 없다. 연습은 일상에서, 공연은 공연장에서 하는 것이 정상이다. 이와 같이 예배를 드리는 사람은 예배를 드리기 위한 준비를 갖추고 있어야 한다.

회중의 준비

예배를 드리기 위한 마지막 점검이 필요하다. 주일 아침은 주님을 사랑하는 가정이 즐거움 속에서 기다리는 순간이 되어야 한다. 하지만 이러한 당위성에도 불구하고 우리의 주일 아침은 다툼으로 얼룩지고 후회 외에는 남는 게 없는 경우가 허다하다.

흔히 예배의 특징을 역동적이며 신비로운 축제의 자리라고 설명한다. 하지만 실제 예배의 현장은 지루함과 따분함 그리고 어둠침침한 분위기에 젖어 있는 때가 더 많다. 주일 아침의 예배에서 지루함과 따분함 같은 낱말들을 제거할 수 있는 방법이 있다. 그 열쇠는 수고라는 낱말이 쥐고 있다.

예배는 수고이다. 그것도 힘든 수고이다. 그것은 또 보상을 받으면서 하는 수고이다. 주님을 '영과 진리로 예배하는 것'에는 쉽게 도달할 수 없으며 저절로 될 수 있는 일도 아니다. 길었던 한 주간과 토요일 늦게까지 자신의 일을 위해 사용하고 남은 에너지로 예배하기란 쉽지 않다. 하지만 주일 아침에 하나님을 대면하는 일에는 최저가 아니라 최고의 에너지를 투자할 가치가 있다. 예배는 특별하다.

청교도들은 특별한 예배를 위한 특별한 준비를 철저하게 훈련시켰다. 성만찬의 경우뿐만 아니라 모든 종류의 예배를 하나님과 성도의 교제와 기도의 내적 훈련의 정규 과정으로 준비시켰다. 그러나 우리는 마음을 준비하는 일을 소홀히 하고 있다. 청교도들이 본다면 우리가 교회에 들어와 앉자마자 드리는 30초 정도의 개인 기도는 너무 짧다. 지금 당장 우리의 예배를 심화시키기 위해 필요한 것은 예배 의식 순서나 형태의 개정이 아니라 진심에서 우러나는 충분한 예배 준비의 노력이다.

우리는 하나님을 만날 준비를 해야 한다. 그분을 만나기 위해서 바른 마음의 틀 안으로 들어가도록 준비를 해야 한다. 우리는 이 점을 얼마나 소홀히 하고 있는가. 너무나 부족하게, 아니 때로는 전혀 준비를 하지 않을 때도 있다.

일반적으로 사람들에게 토요일 저녁은 외출하는 시간이다. 대부분 가족과 함께 쇼핑을 하거나 운동 경기를 구경하거나 밤늦게까지 사람을 만난다. 여름철이 되면 설교 전이나 후에 야구 이야기나, 피서 이야기가 주요 화젯거리가 된다. 주일 아침이면 늦게 일어나 허둥대며 예배 시간에 맞추느라 아침 식사나 가정 예배를 거르고 하나님을 만나러 서둘러서 겨우 예배 시간에 도착하게 된다.

청교도인 스윈녹은 토요일 밤 가정에서 예배를 준비하는 일에 대해 이렇게 강조했다.

"주의 일을 하려면 사전에 먼저 하나님의 무한하신 위엄, 거룩, 질투, 선하심들에 대하여 묵상하는 시간을 얼마 동안 가져야 한다. 그러지 않고선 주님을 위해 좋은 일을 할 수 없다. 그러한 준비를 한 뒤에야 비로소 즐겁고 유익한 주님의 날이 당신의 것이 될 것이다. 마치 밤새 달궈진 냄비가 그 다음날 아침에 쉽게 가열되고, 잠자리에 들기 전 잘 지펴놓은 난롯 불이 아침에 일어나 다시 점화하기가 쉬운 것과 같다."

만약 토요일 밤에 마음을 하나님과 함께 머물게 해놓으면 주일날 아침에도 그러한 상태에 있는 당신의 마음을 소유하게 될 것이다. 주일 예배는 토요일 저녁에 시작된다.

예배에 대한 참여자(회중)의 태도

예배의 시작 전과 도중에 올바른 태도를 지니는 것은 필수적이다. 회중들은 설교를 듣는 일, 공중 대표 기도에 동참하는 일, 헌금드리는 일 등의 응답하는 행위를 통해 예배에 참여한다. 각 예배자는 이 응답에 협동할 의무가 있다. 이 응답적 행위는 음악, 기도, 헌금, 성경교독 및 설교의 때에 하나님의 말씀을 듣는 데서 표현된다.

그러므로 인도자가 공중 예배를 위하여 준비하는 것과 같이 회중도 예배당에 들어가기 전에 준비를 해야 한다. 그와 같은 준비는 성령의 전인 몸의 준비를 포함한다. 이것은 마음이 몸의 감각적 자극들을 지배하도록 하기 위하여 주일을 위해 충분한 휴식을 가지며 편히 쉬는 것을 요구한다. 토요일 밤 늦게까지 움직이고 주일 아침에 몸이 정상적이기를 바라는 것은 커다란 오해임을 우리는 익히 알고 있다.

하나님께서 기뻐하시는 예배를 위하여 예배에 참여하는 사람들은 공동체의 일정한 원리를 따라야 한다.

①정기적 출석은 필수적이다. 이것은 결단력과 헌신을 요구한다. 공중 예배는 행동을 요하고, 각 사람은 출석을 통하여 그리스도와 교회에 대한 충실한 헌신을 증명할 수 있다. '어디에서' 확실히 기도드리지 않는 사람은 '아무데서도' 기도드리지 않는다.

②예배자는 하나님과 그분의 말씀을 존경하는 것같이 예배의 집, 예배의 날, 예배의 인도자를 존경하는 마음으로 예배에 임해야 한다.

③잘 따르는 사람이 되는 것은 좋은 인도자가 되는 것만큼 필요하다. 각 사람은 하나님께 찬송을 부르고, 기도를 드리고, 계획된 순서에 포함된 예배의 모든 행위에서 인도자와 동료 회원들과 의지적으로 협동해야 한다. 이것은 권리이면서 동시에 의무이다.

④모든 회원은 예배 의식이 끝날 때까지 참여해야 한다. 빨리 나가기 위하여 다른 사람들을 밀치는 것은 좋지 않다.

⑤회중이 나가면서 간단히 친교하는 시간은 정다운 인사를 하는 기회를 마련한다. 회중에게 인사하여 그들이 환영받고 있다는 것을 깨닫게 하는 것은 예배 의식의 일부이다.

이 내용들을 좀더 구체적으로 살펴보자. 올바른 예배의 태도는 다음의 요소들을 포함한다. 첫째, 예배드리러 들어오자마자 기도할 것. 둘째, 가사의 뜻에 착념하여 진심으로 찬송을 부를 것. 셋째, 성경을 펴고 본문을 열심히 봉독할 것. 넷째, 주보를 보고 순서에 따라 예배에 참여할 것. 다섯째, 기쁜 마음으로 헌금을 드릴 것. 여섯째, 사도신경으로 진실되게 신앙을 고백할 것. 일곱째, 성경을 펴놓고 연필과 노트를 가지고 필기하면서 적극적인 자세로 설교를 들으려고 노력할 것. 여덟째, 만약 필요하다면 예배 진행을 돕는 일에 적극적으로 참여할 것.

예배에 참여하는 모든 회중은 누구든지 자신의 태도가 적어도 주변의 20-30명의 예배 분위기에 영향을 미치게 된다는 사실을 기억하고 진지한 예배 자세를 보여야 한다. 예배에서 수동적이고 방관자적인 자세를 탈피하여 하나님과의 대화에서 주체자로서 적극적인 자세로 임해야 한다.

참고로 박은규 목사가 제시한 '한국 개신교 예배자들의 십계' 즉 회중의 열 가지 올바른 예배 태도를 소개한다.

① 예배자는 하나님께 '영광'을 돌리는 일이 인생의 가장 큰 목적임을 알고 예배에 참여하라.

② 예배자는 하나님의 구원하시는 '은총'에 대하여 마음을 열고 '응답'하라

③ 예배자는 단순히 '복을 받으려는 마음'을 앞세우지 말고 '자신을 하나님께 바치려는 마음'을 가지라.

④ 예배 출석시에는 '몸'을 정결히 하고, '복장'을 단정히 하며, '기도'하는 '마음'을 가지라.

⑤ 공중 예배는 모든 사람들을 위한 모임이므로 어린아이들과 함께 온 가족이 다 함께 참여하라.

⑥ 하나님의 전에 들어오면 하나님께 대한 '경의'와 '경축'의 태도로 마음을 바쳐 예배하라.

⑦ 예배 순서의 각 요소는 다 똑같이 중요하므로 찬송, 기도, 고백, 찬양, 말씀 선포, 응답, 봉헌 순서에 '자발적'으로 '열심'을 다하여 참여하라.

⑧ 미신적이요 운명론적인 예배 심성을 버리고 창조주시요 역사의 주관자이시며 인류의 구원자이신 하나님의 '승리'를 경축하라.

⑨ 공중 예배는 산만하게 모인 '군중(Crowed)의 예배'가 아니라 '회중(Congregation)의 예배'가 되어야 하므로 그리스도 안에서 모두 다 하나가 되라.

⑩ 예배자는 '말씀'과 '성례전'을 통하여 하나님의 은총을 받은 후 세상의 구원과 화해를 위한 하나님의 '선교'에 과감하게 동참하라.

공연으로서의 듣는 행위

찬양이나 기도의 경우 내가 공연하는 것이라고 할 수 있지만 설교는 어떠한가? 회중인 이상 그것만큼은 한 사람의 청중으로서 다른 사람이 공연하는 것을 정당하게 듣는 경우가 아닐까? 엄밀한 의미에서 그 말은 사실이다. 설교를 듣고 있을 때 당신은 청중이다. 그러나 듣는 방식은 일종의 공연(Performance)이다. 듣는 것은 수동적이 아니다. '듣는 것'은 스스로의 모습을 보기 위해 거울을 들여다보는 것과 같다.

본 것을 잊어버리지 않기 위해서는 보는 것에 몰두해야 한다. 키에르케고르는 사람들이 하나님의 말씀의 거울 앞에 와서는 거울의 속성을 연구하기만 할 뿐 거울 안을 들여다보지는 않는다고 말했다. 그들은 거울에 관해 온갖 것을 다 이야기해 줄 수 있지만 정작 보았어야 할 그 사람에 대해서는 아무 말도 하지 않는다. 참으로 하나님의 말씀을 듣는다는 것은 스스로에게 "그 말씀이 나에 관하여 말하고 있다. 나에게 말하고 있다"고 계속해서 되뇌이는 것이라고 키에르케고르는 말했다.

설교자가 어떻게 설교하는지 보겠다는 태도로 듣는 것은 설교의 효과를 완전히 죽이는 것이다. 아무리 내용과 전달력이 뛰어나다고 할지라도 눈에 들어오는 것이 뛰어날 뿐이지 하나님께서 당신에게 하시고자 하는 말씀은 아니다. 듣는 것은 그 자체가 일종의 공연이다. 하나님께서는 듣는 태도로 우리를 판단하신다. 설교를 들은 다음 우리가 해야 할 질문은 '설교자가 어떻게 설교를 공연했는가?'가 아니라 그 설교를 들으면서 '내가 듣는 것을 어떻게 공연했는가?'이다.

'내가 어떻게 공연했는가?' 이것이 바로 공연자가 해야 할 질문이다. 그리고 그것은 바로 예배자가 해야 할 질문이기도 하다.

그 공연은 구원의 드라마를 쓴 저자와 드라마의 주인공을 기쁘게 하겠다는 소망에서 이루어져야 한다. '내가 어떻게 공연했는가?'라는 질문은 세상에서 짓밟혀 마음이 메마르고 하나님께 냉담하고 숱한 상처를 입은 채로 예배하러 나왔을 때에도 적용된다. 이러한 상태로 예배에 나올 때 "우리는 여기에 텅 빈 채로 나왔으니 나를 채우소서"라는 식의 태도에 빠지기 쉽다.

우리는 예배하며 우리가 드려야 할 것들을, 심지어 가진 것이 없다고 할지라도 주님께 드리면서 그의 백성들과 함께 예식적인 드라마를 공연한다. 또한 '주님께서 나를 위해 무엇을 해주실까?'를 묻지 않고 '내가 주님을 위하여 무엇을 할 수 있을까?'를 묻는다.

이와 같이 예배는 우리가 연기자가 되고 하나님께서 관객이 되시는 일종의 예식적인 드라마이기 때문에 '나는 과연 어떻게 연기했는가?'를 물어야 한다.

좋은 연기자는 '공연에서 내가 무엇을 얻었는가?'를 묻지 않는다. 다만 공연에서 자신의 실력이 최대한 발휘되었는지, 관객을 즐겁게 했는지를 알고 싶어한다.

새 회원의 영접

예배가 예배다워지려면 신입 회원에 대한 관리가 잘 이루어져야 한다. 일반적으로 처음 온 사람들에 대한 관심과 배려는 잘 이루어진다. 그러나 문제는 교회에 출석하고 한 달 두 달을 넘어가는 사람들에 대한 배려이다. 정말 예배를 잘 드리기 위해서는 이러한 사람들에 대한 배려가 필요하다.

어린아이가 자라는 과정을 지켜보면 태어나서 백일 정도까지는 아이를 돌보고 키우는 일이 그다지 큰일이 아니다. 그때는 대체로 규칙적이므로 그 규칙을 준수하면 된다. 그러나 백일이 지나 움직이기 시작하고 기어다니며 걸어다니기 시작하면 점점 더 많은 관심과 시간이 필요해진다.

교회 안의 새 신자 역시 동일한 과정을 겪는다. 처음 한 두 달간은 호기심과 신선함에 의해 별탈없이 교회에 참석한다. 그러나 시간이 흐르면서 사람들과 교제하고 교회를 알아가면 갈등과 혼란이 생긴다. 이런 때에 돌봄과 교육이 필요하다. 그러나 현실을 돌아보면 처음 나온 사람들은 대대적으로 환영하지만 한 두 달 지난 사람은 대체로 기억 속에서 잊혀진다. 우리는 예배 속에서 이들을 돌아보며 격려하고 함께 하나님을 향하여 나아가야 한다.

【 생각해 볼 문제 】

1. 예배란 무엇인가? 자신의 언어와 이해로 설명해 보라.

2. 주일 아침은 토요일 밤에 시작된다는 말의 의미는 무엇인가?

3. '예배는 하나의 오케스트라이다'라는 말을 설명하라.

4. 예배 인도자는 예배자인 동시에 예배 인도자이다. 훌륭한 예배 인도자는 어떤 모습을 갖추고 있어야 하는가?

5. 예배 인도자의 예배 인도의 원리를 설명하라.

6. 예배에 참여하는 회중의 태도는 어떠해야 하는가?

8 예배에서의 음악

　예배의 원칙은 성경에서 나오지만 그 실제는 역사로부터 나온다. 예배 음악의 원칙 역시 성경에 근거한다. 그러나 예배 음악의 실제는 각 교회의 역사로부터 나온다. 예배 중의 설교가 하나님의 감화(Impression)의 한 방편이며 도구이듯 예배 음악 역시 그러한 역할을 수행한다. 사실 음악은 때로 설교나 강의와 같은 설명적이고 웅변적인 방법보다 훨씬 더 깊고 큰 영향과 감화를 주는 힘을 가지고 있다.
　음악은 인간의 마음을 표현하는 가장 아름다운 예술이며 가장 보편적인 방법이다. 그러므로 음악은 공중 예배에서 중요한 역할을 담당한다. 전문 학자들의 조사와 연구에 따르면, 이 땅의 모든 종교 가운데 음악을 필수적인 요소로까지 발전시킨 것은 유대교와 기독교밖에 없다고 한다.
　물론 음악 없이도 얼마든지 하나님을 예배할 수 있고 때로는 음악이라는 매개체로부터 벗어나서 하나님을 예배할 필요도 있다. 그러나 음악을 바르게 사용할 때 더 의미 있고 진정한 예배가 될 가능성이 높아지는 것이 사실이다. 학자들의 말처럼 음악은 기독교의 의식에서 뗄 수 없는 관계에 있다. 그러므로 예배에서 음악을 잘 활용하고자 하는 우리의 적극적인 자세가 반드시 필요하다.

그러나 음악은 방관자적인 예배자들에게 '구경꾼' 심리를 조장하기 쉬운 위험성을 지니고 있다. 따라서 음악의 선택이나 연주 자세, 방법 등에 세심한 주의를 기울여 예배자들의 마음의 시선을 음악 연주자들이 아니라 하나님께 돌릴 수 있도록 해야 한다.

또한 객관적인 기준으로는 아무리 훌륭한 음악이라도 일정한 회중들이 전혀 이해하지 못하는 음악, 예를 들면 서민층 예배 회중에게 있어서 그들이 접하기 어려운 고전적인 교회 음악 같은 것은 결코 바람직하지 못하다. 하나님께 '최선의 음악'을 드리는 것이 중요하지 '최고의 음악'만을 드려야 하는 것은 아니라는 사실을 기억해야 한다.

어떤 사람들은 '전공자'만이 예배시에 연주를 해야 하고, 고전적인 스타일의 교회 음악만을 고집하며, 교회에 꼭 파이프 오르간이 있어야 한다는 식의 엘리트주의적 주장을 하기도 한다. 물론 그렇게 할 수 있으면 좋다. 그러나 이러한 자만적인 태도는 하나님께 제사드리는 일에 실패한 가인의 죄악(창 4:1-7)과 같이 하나님께서 기뻐하시는 것보다 자신의 주관적이고 독단적인 취향을 기준으로 삼으려는 위험한 것이다.

개인 예배가 아닌 회중 예배에서는 음악적 이해 수준과 취향이 천차만별일 수 있으므로 가능한 한 전체 회중이 공감하고, 의미 있게 자신의 신앙으로 표현하며, 동일시 할 수 있는 음악을 사용하는 것이 좋다.

음악과 예배

 음악 그 자체는 종교적이거나 반종교적이 아니다. 그러나 음악의 어떤 형태는 종교적 태도를 표현하는데 다른 그 무엇보다 더 적합할 수 있다. 심지어 구약 성경의 기자들도 음악의 윤리적 힘의 예리한 판단력을 인정했다.

 음악은 적어도 세 가지 면에서 예배와 관계가 있다. 첫째로, 예배의 목표 또는 정신을 나타낸다. 음악은 그 자체에 목적이 있지 않지만 예배 가운데 경외하는 정신을 북돋워 준다. 둘째로, 음악은 작가의 기본적 진리와 경험을 회상케 하며, 이 경험을 다른 사람들과 나누어 갖게 하는 예배의 한 조력자로서 이바지한다. 또한 음악은 예배의 한 행위다. 예컨대 목청을 높여 찬양할 때, 음악은 실제로 예배의 한 행위가 된다.

 예배 음악이란 예배를 효과적으로 하기 위해 사용되는 음악으로서, 좋고 나쁨에 대한 평가뿐만 아니라 바람직한 예배 음악의 선택 등의 모든 문제가 예배를 어떻게 이해하느냐에 달려 있다. 그러므로 음악 자체의 문제 이전에 음악 지도자의 자질이 선결 조건이 된다.

 아무나 음악 지도자가 되어서는 안 된다. 예배 음악이 하나님께서 받으실 만한 것이 되기 위해서는 음악을 드리는 사람들의 삶의 자세와 하나님께 대한 헌신의 정도가 기준이 된다. 순수 음악적 수준과 세련도는 그 다음에 오는 것이다.

좋은 예배 음악이란?

예배는 궁극적으로 우리가 하나님의 완전하신 모습을 닮아가고 그분께서 원하시는 모습으로 되어가는 것이다. 형식을 갖추어 드리는 회중 예배와 생활 속에서 개별적으로 드리는 삶으로서의 예배 행위는, 우리가 그러한 상태에 도달하여 우리 자신이 참된 의미에서 '살아 계신 하나님의 성전'(고후 6:16)이 되도록 반복적으로 실시되는 연습이며 훈련이다. 이러한 가운데 하나님을 향해 우리를 표현하는 데 사용되는 음악을 '제사장적인 음악'이라고 한다면, 하나님께서 우리를 향해 말씀하시는 데 사용되는 음악은 '선지자적인 음악'이라고 할 수 있다.

좋은 예배 음악은 하나님과 우리의 예배적 만남이 인격적이고 의미 있는 참된 만남이 되도록 중간 매개체 역할을 해주는 음악이다. 즉 우리의 생각과 정서를 진솔하고도 심오하게 표현할 수 있도록 해줄 뿐만 아니라 하나님의 생각과 정서를 우리에게 잘 나타내주는 가사 내용과 표현이 있는 음악, 또는 그러한 경험이 일어나도록 이끌어주는 분위기와 힘이 있는 음악이 좋은 예배 음악이라고 할 수 있다.

또한 좋은 예배 음악이란 우리가 최선의 것을 하나님께 드리고, 하나님을 높여드리며, 그분을 영화롭게 해드리는 음악이다. 좋은 예배음악은 하나님께서 예배자에게 감화하시고자 하는 바를 전달하는 매개체로서의 기능을 가진다.

결국 좋은 예배 음악이란 하나님을 향한 우리의 고백과 표현이 담겨 있고, 하나님께서 우리를 향해 말씀하시는 수단이 되는 제사장적이며 선지자적인 음악이다.

찬송가의 선택

예배 음악은 예배의 본질적 속성에 부합되어, 예배자들이 이 속성을 잘 나타내고 실현하는 데 효과적인 도움을 준다. 예배 가운데 음악은 하나의 훌륭한 대화의 도구로서 사용된다. 예를 들면 하나님께서는 오르간 서주나 봉헌송이 연주되는 동안 예배자들에게 말씀하시는가 하면, 예배자들은 회중 찬송을 통해서 하나님께 응답할 수 있는 것이다.

그러므로 찬송가의 선택을 지도해야 할 몇 가지 원리가 있다.

①예배 인도자는 찬송가를 잘 알 뿐만 아니라 그 예배에 적합한 찬송가를 택하는 방법까지 잘 알아야 한다.

②교역자는 찬송가의 선택을 지도해야 한다. 만일 교회에 훈련받은 음악 지도자가 있으면, 그는 교역자의 찬송가 선택을 도와야 한다. 어떠한 경우에도 목사는 예배에 적합한 찬송가의 선택에 궁극적인 책임을 져야 한다.

③찬송가의 선택에는 뚜렷한 목적이 있어야 한다. 모든 찬송가는 각각 일정한 목적을 가진다.

④어떤 특수한 예배 의식에서도 찬송가는 예배의 원만한 경험을 조성해야 한다. 찬양과 존경의 찬송가, 헌신과 기도의 찬송가, 확신과 교훈의 찬송가, 헌납과 서약의 찬송가는 설교와 관계있는 주제에 따라서 잘 선택할 것이나, 다른 찬송가들은 예배드릴 때 일정한 태도를 표현하는 것으로 선택해야 한다. 특별한 경우를 제외하고는 모든 찬송가를 한 주제에 따라서 선택해서는 안 된다. 예배의 표현에서 포괄성과 다양성은 필수적인 것이다.

⑤교역자의 입장에서 객관적인 찬송가와 주관적인 찬송가 사이에 균형을 유지하는 것이 좋다.

음악 지도자로서의 예배 인도자

모든 피조물의 궁극적인 존재 목적은 하나님을 예배하는 것(사 43:71 ; 고전 10:31)이다. 그럼에도 불구하고 오늘날 많은 그리스도인들과 교회들이 '하나님께' 드리는 예배보다 '하나님을 위한' 어떤 일에 더 많은 관심을 가지고 있다. 이것은 분명히 우선 순위가 잘못된 것이다. 어떤 이가 잘 표현했듯이 '하나님의 목마름'은 우리의 사역이 아니라 예배이다. 그러므로 예배를 예배되게 하기 위하여 예배에 사용되는 음악은 너무나 중요하다.

반복하지만 예배 음악은 예배를 어떻게 이해하느냐에 따라 달라므로 음악 자체의 문제 이전에 음악 지도자의 자질이 선결 조건이 된다. 예배 인도자로서의 교역자는 예배에서 사용되는 모든 음악에 책임이 있다. 그는 음악을 알맞게 강조하여서 교회의 예배 생활 전체를 온전한 음악과 관련 지을 수 있어야 한다. 그러므로 모든 예배 인도자는 효과적인 예배 인도를 위하여 훈련받은 음악가는 될 필요는 없으나 음악의 일반 지식은 갖추고 있어야 한다. 찬송가와 찬송가 작가의 역사뿐 아니라 찬송가의 신학을 포함한 음악의 기본적인 지식을 갖추어야 한다.

음악 지도자로서의 예배 인도자에게는 기본적으로 다음과 같은 자세가 요구된다.

신선한 영적 생활을 해야 한다

하나님께서는 예배하는 자를 찾고 계신다(요 4:24). 예배 인도자는 예배자이다. 그러므로 날마다 자신을 준비해야 한다. 영적 생활의 신선함은 하나님과의 진실하고 합당한 관계와 성령의 충만한 내재하심과 인간의 지식을 초월하는 그리스도의 사랑에 대한 갈망에서 솟아난다.

교회의 지도자들과 하나가 되어야 한다

교회의 지도자와 음악으로서 예배를 인도하는 사람은 서로 비전을 공유하며 인간 관계와 비전에 있어 하나가 되어야 한다. 방향 감각이 없으면 정확한 목적지에 도달할 수 없다.

음악으로 예배를 돕는 사람들과 하나가 되어야 한다

악기를 연주하는 연주자, 엔지니어를 비롯한 찬양과 관계된 모든 사람들을 방치하면 안 된다. 그들 한 사람 한 사람 모두가 필요하다. 그들을 동역자로 알고 기도와 기획에 참여시키고 예배를 함께 준비하라. 연주자들은 각기 나름대로 예배에 대하여 귀중한 견해들을 가지고 있을 것이다. 그들의 말을 듣고 상의하고 그들과 흐름을 같이 해야 한다.

예배의 내용과 흐름을 기억해야 한다

예배의 조절은 압력을 일으키지 않고 해야 한다. 미리 수립한 계획에 집착함으로써 다툼을 일으키지 말라. 내용과 흐름을 기억하며 하나님을 기대하라.

음악에 대한 공부를 해야 한다

반드시 전문가일 필요는 없지만 효과적이고 더 나은 예배를 위하여 끊임없이 기도하고 준비해야 한다.

회중을 훈련시켜야 한다

어떠한 회중이라도 좋은 음악을 감상하는 수준을 높일 수 있고 교회 음악의 주요 목적을 이해하기 위하여 훈련받을 수 있다. 그렇게 함으로써 전반적인 예배 음악의 질을 높일 수 있다.

예배에 있어서 음악

오르간 전주

오르간은 예배에 수반되는 첫 번째 악기이다. 오르간은 예배를 경건하게 이끄는 악기로서 예배가 시작될 무렵의 오르간 전주는 개신교 예배의 서두에 중요한 부분을 담당한다. 또한 오르간 전주는 바깥 세상과 예배드리는 골방 사이에 치는 커튼과 같다. 이와 같이 오르간 전주는 예배의 분위기를 조성하며 예배자들이 개인적인 명상을 할 수 있게 하는 역할을 한다. 도날드 케트링의 말을 들어보자.

"11시 예배를 위한 오르간 전주는 10시 45분에 시작되도록 한다. 이상적인 연주는 시작을 조용하고도 부드럽게 하고 곧 중간 음으로 발전하며 이어서 전음(Full Organ)을 조화 있게 하면서 연주 한다. 마지막 4분을 남겨놓고서는 다시 조용한 음악으로 돌아와 교회 안에 정중한 침묵의 분위기가 흐르도록 한다. 10시 58분에 연주한 음악이 끝나도록 하면서 목사와 성가대의 입당과 연결을 맺는다."

오르간 전주는 예배 전 시간을 메꾸기 위한 것이 아니라 예배 그 자체이며 예배의 첫 부분이다.

행렬송

성가대와 목사가 입장할 때 부르는 행렬송은 입장 찬송(Processional Hymn, Choral Introit)이라고도 한다. 오늘날의 한국 교회에서는 찾아보기 힘들지만 행렬송은 동굴 속에서 숨어서 예배 드리던 초대 교회에서 그 근원을 찾을 수 있다고 한다. 초대 교회 시절 사도나 속사도 가운데 한 사람이 이 동굴 저 동굴을 순회하면서 예배를 인도할 때, 어두운 동굴을 밝히기 위해 촛불을 든 사람이 앞장서고 그 뒤에 사도가 인도자의 뒤를 따라 예배를 인도하였다고 한다.

한편 장로교의 본산인 스코틀랜드 장로 교회의 전통을 보면 천주교의 촛불이나 십자가 대신 성경을 든 사람이 앞서 가고 찬양대, 목사의 순서로 입장 하는데, 이는 말씀이 앞서고 가운데 찬양이 있고 말씀을 선포하는 목사가 뒤에 입장한다는 것으로 매우 의미가 깊다.

성가대, 목사, 기도자, 헌금 위원 등 예배를 담당한 사람들이 입장할 때, 하나님의 성호를 찬양하고 그의 영광을 노래하는 것은 예배 시작부터 장엄한 순서가 될 것이다. 그러므로 행렬송은 성가대나 회중이 해도 좋고 오르간이나 피아노와 같은 악기로 연주해도 좋다.

예배에의 부름

개회 찬송을 부르면서 예배자들이 모두 하나님의 전에 이르게 되면 하나님께서 예배자들을 불러주시는 것으로 이어져야 한다. 이 시간은 성구 명상 시간이 아니라 칼빈이 말한 것과 같이 하나님의 엄숙한 말씀을 통하여 하나님의 현존을 깨닫게 하려는 시도이다. 예배의 부름이 끝나면 성가대의 화답송이 따른다. 이 의미는 하나님께서 불러주심에 감격한 인간들의 응답이다. 이때 영광송, 송영 혹은 '거룩 거룩' 등을 부른다. 하나님의 부르심에 대한 인간들의 응답인 화답송은 감격적이고 웅장한 것이 좋다.

기원

기원이란 하나님께 드리는 개회 기도로, 오늘의 예배 속에 성령이 임재하셔서 예배를 통하여 교인들로 하여금 하나님의 권능과 현존을 깨닫게 해달라는 짧은 기도인데, 보편적인 기도나 성경 말씀의 봉독은 아니다. 그러므로 기원은 회중의 느낌보다는 하나님 중심이어야 한다.

죄의 고백

예배에 참석한 모든 회중들이 자신들이 지은 죄에 대하여 공동적으로 고백하는 것으로서 이는 "내가 나의 마음에 죄악을 품었더라면 주께서 듣지 아니하시리라"(시 66:18)는 하나님의 말씀에 근거한 것이다. 예배자가 주님 앞에 지은 죄를 진심으로 고백하지 않는다면 그 예배는 열납되지 않는다. 이러한 죄의 고백은 칼빈과 낙스를 비롯한 종교 개혁자들과 그 교회가 죄를 공동으로 고백하는 데서 예배의식을 시작하였으며, 이는 그들이 사용한 예배 의식서에 잘 나타나 있다.

그러나 조심해야 할 것은 매주일 똑같은 고백의 기도를 되풀이하거나 형식주의로 빠지기 쉽다는 점이다. 그러므로 이러한 형식주의를 방지하고 형태에 바람직한 다양성을 주기 위하여 고백 기도는 여러 가지 방법으로 드려져야 할 것이다. 예를 들어 고백에 관한 찬송가를 일제히 부른다거나 성구를 일제히 봉독하거나 교독하는 방법이 있다(이때는 시편이 적합하다. 시 25:6-11, 40:11-13, 51편 등).

대 영광송

고백의 기도 즉 하나님의 용서가 선언된 다음 인간의 응답으로서 영광송을 부른다. 이는 회중이 함께 부를 수도 있고 성가대가 부를 수도 있으나 대체로 성가대와 회중이 함께 부르고 그 성격상 일어나서 부르는 것이 하나님께 대한 예의이다. 그 이유는 인간의 죄를 위해 독생자 예수 그리스도를 이 땅에 보내사 십자가에 못박혀 돌아가시고 부활하게 하신 하나님의 사랑과 그 위대하심을 찬양하기 때문이다.

이러한 의미에서 용서받은 기쁨 속에서 성부, 성자, 성령 되신 하나님께 찬양할 때 진지하고 엄숙한 자세로 감사와 기쁨이 넘치는 가운데 성삼위 일체 하나님만을 찬양하는 내용을 가진 곡들로 찬양해야 한다. 이러한 영광송은 초대 교회뿐만 아니라 마틴 부처(Martin Bucer, 1491-1551)와 같은 개혁자들에 의해서도 영광송이라는 이름으로 일컬어져 왔다.

기도에 대한 화답송

목사의 목회 기도 또는 장로의 중보 기도 뒤에 성가대가 회중을 대표하여 화답하는 것으로 그 기도를 확인하는 것이다. 이때 부르는 곡은 아멘에 관한 곡들로 이루어지는 것이 합당하다.

성가대 찬양

성가대 찬양은 성경 낭독 뒤 즉 설교 전에 부르는 것으로 하나님을 향하여 가장 아름다운 경외를 드리는 부분이다. 또한 예배자들의 마음을 하나님 앞에 끌고 가는 헌신의 경험을 주는 사명과 함께, 하나님의 말씀을 경청할 수 있도록 마음의 그릇을 준비시키는 역할까지 수행한다.

그러나 설교나 설교자 또는 회중을 위한 노래가 아니라 어디까지나 하나님을 위한 노래이며 하나님의 영광을 위한 노래임을 상기해야 한다. 즉 성가대의 찬양은 하나님께서 기뻐하시는 찬미의 제사(히 13:15)로서의 찬양이 되어야 한다. 찬양의 목적은 예배의 목적과 같다. 찬양은 하나님을 노래로 영화롭게 하는 것이며 인간 창조의 목적과도 부합된다. 그러므로 설교 전의 찬송은 복음성가나 부흥가가 아닌, 시편에 나타나 있는 주님의 선하심과 인자하심이 찬양의 주제가 되어야 하고 그러한 곡을 선정해야 한다.

독창

독창은 설교 전이나 후에 하는 것으로 독창자 또는 중창자가 예배를 위한 마음의 준비를 시키는 마지막 수단이다. 이 시간을 자신의 음악적 재간을 드러내기 위한 것으로 생각한다면 크게 잘못된 것이다. 이 시간은 모든 회중이 하나님께 예배를 드리기 위한 음악적 헌신으로 표현되어야 한다.

설교 뒤의 찬송가

설교의 제목과 연관되어야 하며 반드시 성경적이어야 한다. 설교자 자신이 찬송을 직접 택하는 것이 가장 좋고, 그렇지 못할 때에는 교회 음악에 대한 견문과 학식이 있는 사람이 택해야 한다.

퇴장 찬송

입장 찬송이 하나님의 영광을 찬양하는 예배 또는 경배의 찬송이라면, 퇴장 찬송은 신앙의 결단, 충성, 선교, 감사 등의 의지를 가진 찬송이 되어야 한다. 이때 부르는 찬송은 새로운 각오로 세상을 향해 행군해 나아가는 굳은 결의를 보여주는 힘찬 찬송이 알맞다. 주님의 권세로 세상을 이기며 정복자로서 살도록 하는 주제이어야 한다.

축도송

목사가 축도한 뒤에 부르는 응답하는 노래이다. 신적 권위에 의한 목사의 축도 뒤 하나님의 축복을 받은 성도들이 하나님께 감사하는 것으로 성가대가 대표해서 부르는 것이다. 이때 부르는 노래의 주제는 큰 아멘(Great Amen)이다.

오르간 후주

오르간 후주는 전주와 마찬가지로 바깥 세상과 골방 사이의 커튼의 역할을 한다. 이것은 결단을 촉구하며 확신을 주는 것이어야 한다. 또한 회중 하나하나가 자신을 가지고 자기들의 일상 생활로 돌아갈 수 있어야 한다.

【 생 각 해 볼 문 제 】

1. 예배 음악의 원칙은 성경에서 근거한다. 그러나 예배 음악의 실제는 성경이 아닌 교회의 역사로부터 나온다. 이 음악과 예배의 관계에 대해 설명하라.

2. 좋은 예배 음악이란 어떤 것인가?

3. 음악 지도자로서의 예배 인도자가 지녀야 할 기본적인 자질을 열거하라.

그리스도의 말씀이 너희 속에 풍성히 거하여
모든 지혜로 피차 가르치며 권면하고
시와 찬송과 신령한 노래를 부르며
감사하는 마음으로 하나님을 찬양하고
(골 3:16)

9 예배에서의 기도

예배는 기도이다

신학적으로 그리고 역사적으로 예배는 기도이다. 신약 예배의 기초가 되었던 회당 예배는 우선 성경을 읽고 그 내용을 설명한 후에 이스라엘의 하나님께 기도와 찬양을 드리는 시간으로 구성되어 있었다. 초기 그리스도인들은 이 예배에 성찬을 추가시켰다. 그러나 그들은 이스라엘의 거룩하신 분을 모시고 있다는 사실과, 기도하고 하나님을 찬양하기 위해 모였다는 사실을 인식하고 있었다. 그러므로 본질적으로 기독교 예배는 언제나 하나님의 은혜를 생각하고 감사드리며 믿음의 대상인 하나님께 예배자 자신을 드리는 것이었다.

성경에 나타난 기도는 인간의 생활과 역사 안에서 하나님께 무엇을 얻기 위하여 구하는 것이 아니고 하나님께서 우리와 함께 계심을 감사하며 회상하는 것이다. 그러므로 우리가 부르는 대부분의 찬송가들은 기도들이다. "기뻐하며 경배하세 영광의 주 하나님" "주의 음성을 내가 들으니" "내.주는 강한 성이요"

"주 달려 죽은 십자가" 등과 같은 찬송가들은 하나님에 대한 우리의 신앙을 기도하는 자세로 노래하고 그분의 구속을 기뻐하며 부르는 찬양이다.

이러한 내용을 말로 하는 대신에 노래로 부른다고 해서 그 사실이 찬송가가 기도들이라는 사실을 변경시키지는 않는다. 찬송가는 회중의 기도서이며, 우리의 언어로 표현된 가장 훌륭한 기도를 담고 있다.

예배의 처음부터 끝까지 모든 예배 행위는 하나님의 백성이 그분의 자비를 기억하고 기도와 헌신으로 반응하는 기도의 행위이다. 그러므로 기도를 예배의 혼이라고 불러온 것은 옳은 일이다. 많은 사람들은 기도가 공중 예배에서 가장 중요한 부분을 이룬다고 믿는다. 사람들은 역사를 통하여 찬양과 기도 중에 하나님의 이름을 부르면서 하나님께 예배드렸다. 이 모두를 한마디로 표현하면 예배에는 기도가 큰 비중을 차지하고 있다고 하겠다.

주의 기도

성경에는 개인 기도와 공중 기도로 가득 차 있다. 시편 51편에 기록되어 있는 다윗의 기도는 개인 기도의 대표적인 전형이며, 역대하 6장에 나타난 성전 봉헌식 때의 솔로몬의 기도는 대표적인 공중 기도이다. 예수 그리스도께서는 그의 제자들에게 기도에 대한 교훈을 주셨을 뿐 아니라 하나의 기도 곧 '주의 기도(Lord's Prayer)'를 가르치셨다. 그래서 이 기도는 처음부터 교회 예배에 사용되었으며 지금도 우리가 드리는 기도의 모범으로 남아 있다.

모범 기도(The Model Prayer)라고 불리는 주의 기도는 예배에 필요한 여러 가지 태도 존경, 복종, 고백, 간구, 헌신을 포함하고 있으며 하나의 일정한 형태가 있다.

① 하나님의 이름 - 기도의 대상 그리고 기도하는 이와 그 대상과의 관계
② 하나님의 나라 - 하나님의 통치의 영역
③ 하나님의 뜻 - 하나님의 주권(계획, 진행 방법들을 포함한 그의 희망과 목적)
④ 사람의 물질적 요구 - 필요에 따른 간구
⑤ 죄를 고백하고 싶은 사람의 요구 - 관계 세움
⑥ 모든 것을 하나님께 맡기는 사람의 서약 - 하나님의 통치권을 인정

주의 기도의 첫 부분은 하나님에 대하여 말하고, 뒷부분은 인간의 관심과 관련되어 있다. 주의 기도 안에서 우리는 하나님과 인간, 하늘과 땅, 종교적인 것과 정치적인 것의 올바른 관계를 실천적으로 만나게 되는데, 이 모든 것들이 처음부터 끝까지 통일성을 유지하고 있다.

기도의 모범으로 알려진 주의 기도는 이와 같이 하나님의 이름이 거룩히 여김을 받으시도록 존경으로 시작하고 모든 것이 그의 목적과 영광에 속하도록 송영으로 끝을 맺는다. 주의 기도에서 나오는 기본적 간구 "당신의 나라가 임하옵소서"와 초대 교회의 중심적인 간구 마라나타, "주 예수여 오시옵소서"는 우리로 하여금 하나님의 나라와 의식적 관계에서 살도록 부르고 있다.

그러므로 기도는 복종의 행위일 뿐 아니라 하나님의 날이 임하기를 재촉하는 신앙과 희망의 행위이기도 하다(벧후 3:12). 우

리가 표명하도록 명령받아서 가능하게 된 이 기도는 공동 예배에서 온 회중의 기도가 되었다. 바로 그것이 전체 회중의 이름으로 사역자가 주기도를 낭송했든 혹은 신도들 중 한 사람에 의해 기도가 드려졌든 간에 회중이 끝마치는 아멘을 말해야 하는 이유이다.

초대 교회의 예배에서 주님께서 가르치신 기도 즉 주의 기도가 암송되었던 것은 성경에서 찾아볼 수 있다(롬 8:15 ; 갈 4:6). '열두사도의 교훈'에서는 주의 기도를 하루에 세 번은 암송해야 한다고 가르치고 있다. 그러나 하루에 세 번이 아니라 열 번씩 암송한다 해도 그 기도의 참 뜻을 모르고 암송하면 아무런 의미가 없다. 주의 기도의 뜻을 알고 그 말씀대로 실천하면서 암송해야만 한다.

공중 기도의 주도적 원칙

공중 예배에서 드리는 기도에는 일반적으로 세 가지의 종류가 있다. 첫째 공중 예배에서 읽도록 마련된 모든 기도의 고정된 또는 의식적(儀式的) 기도, 둘째 미리 준비하지 않고 기도하는 자연 발생적 또는 즉흥적 기도, 그리고 셋째 준비한 뒤에 즉석에서 드리는 기도.

이 셋째 방법에는 연단과 자유 계획성과 자발이 모두 있다. 그러나 의식적 기도는 모든 것이 엄밀하게 규정되어 성령님께서 개입하실 수 있는 여지가 없다. 즉흥적 기도는 부적당한 표현과 반복이 지나치게 많은 중언부언하는 기도를 드릴 위험이 있다. 그러므로 준비한 뒤에 즉석에서 드리는 기도의 셋째 방법이 계획성과 자발성을 모두 지닌 효과적인 기도이다.

성실성과 지성이 겸비된 기도는 회중을 감화하여 기도를 인도하는 사람과 연결시켜 줄 것이다. 이와 같이 공중 기도가 회중에게 은혜를 끼치며 하나님께 드려지는 바른 기도가 되기 위해서는 그것을 계획할 때 따라야 할 일정한 원칙들이 있다.

①예배에 있어서 거룩하신 하나님이 임재하심을 확신하여야 한다. 기도하는 사람은 하나님이 계신 것과 하나님께서는 자기를 찾는 자들에게 상 주시는 분이심(히 11:6)을 믿어야 한다.

②기도 인도자는 회중 앞에서 공중 기도를 하기 전에 개인적으로 기도해야 한다. 사도 바울은 하나님의 영이 우리 스스로는 도달할 수 없는 차원에서 우리를 위해 기도하신다는 사실을 일깨워주고 있다(롬 8:26-27).

③모든 기도는 고유의 일정한 목적을 가져야 한다. 막연하게 일반적인 것을 기도할 것이 아니라 구체적으로 필요한 것을 기도해야 한다.

④모든 기도는 훌륭한 형식을 갖추어야 한다. 그 형식은 간단하고, 명확하고, 직접적이고, 상냥하고, 문학적 구문이 훌륭해야 한다. 상투적인 문구를 피하고 성경의 단어와 문구를 사용하라. 강하고 짧은 단어를 사용하고, 형용사와 부사를 덜 사용한다면 그 기도는 더 훌륭한 형식을 갖추게 된다.

⑤모든 기도는 하나님께 드리는 것이다. 기도는 2인칭으로서 하나님께 드려져야지 기도자가 하나님에 관하여 설교를 하거나 회중을 교훈하려고 해서는 안 된다.

⑥만일 회중이 기도의 인도자를 따라야 한다면 그 기도의 전달은 더욱 중요하다. 똑똑한 목소리로 기도함으로써 회중이 분명히 들을 수 있도록 해야 한다. 공중 기도에서는 단조로운 음성

또는 소위 설교조의 음성을 유지하는 것이 좋다. 그러나 꾸민 음성으로 기도하는 것은 하나님의 임재를 분명히 느끼고 정직하게 드리는 기도를 대체할 수 없다.

⑦공중 기도는 미리 준비하여 기도 시간을 지혜롭게 사용해야 한다. 회중은 인도자의 기도에 지나치게 오랫동안 관심을 기울이지 않으므로 몇 개의 짧은 기도가 한두 개의 긴 기도보다 더 좋다. 공중 기도는 개인 기도가 아니라 교회의 기도이므로 기도 시간은 3-4분을 넘기지 않는 것이 좋다.

목적에 따른 기도의 형태

모든 기도는 예배 의식에 따라 일정한 목적을 가진다. 일정한 목적이 없는 기도는 단순히 말의 형식에 사로잡혀 "이방인과 같이 중언부언하지 말라"(마 6:7)는 예수님의 명령을 범할 위험성이 있기 때문이다.

목적에 따라 기도를 분류해 보자.

기도에의 초청

기도에의 초청은 기도를 잘 알릴 수 있다. 그 인도자는 간단히 "기도드립시다"라고 말하면 좋다.

기원

기원(祈願)은 하나님의 이름에 합당한 영광과 존귀와 찬양을 주님께 드리는 개회의 기도이다. 이 기도의 목적은 회중을 인도하여 하나님의 임재하심을 깨닫게 하고 동시에 하나님의 복을 받기 위하여 마음을 열도록 하는 것이다. 다섯 부분으로 이루어진 이 기도는 기도의 대상과 그 대상이 누구인지를 표현하는 그의 속성과 약속들을 먼저 열거한다. 그리고 이어서 간구와 바라는 내용을 말하고, 간구의 목적과 그 목표를 말한 후, 결론적으로 기도의 근거 또는 송영이 뒤따른다.

고백의 기도 또는 참회의 기도

회중이 하나님의 거룩한 존전에 서 있는 실존으로서 부끄러운 자아의 모습을 내어놓고 하나님의 용서를 구하는 예배 공동체의 기도이다. 이는 영국의 청교도들과 회중 교회의 영향으로 예배 순서에서 한때 사라지기도 했으나 19세기 말 예배의 복고 운동과 함께 그 가치가 새롭게 인식되었다.

죄를 고백하는 기도가 예배 순서 가운데 기록되어 회중이 한 목소리로 드리거나 묵상하며 은밀하게 회중 각자가 죄를 고백한 다음에는, 회중이 사죄의 기쁨을 간직하도록 목사가 반드시 하나님의 말씀에 근거하는 용서의 선언을 해야 한다.

"만일 우리가 우리 죄를 자백하면 그는 미쁘시고 의로우사 우리 죄를 사하시며 우리를 모든 불의에서 깨끗하게 하실 것이요" (요일 1:9).

묵도

묵도는 목회 기도의 일부가 되는 것이 좋다. 목사는 긴 기도를 시작하기 전에 회중에게 잠깐 시간을 주어 명상이나 기도를 하게 한 후 기도를 인도하는 것이 좋다.

중보의 기도

예배 인도자가 하나님 앞에 모여 예배드리는 무리를 위하여 사제적 기도를 펴는 부분이므로 목회 기도라고 할 수 있다. 하나님의 백성들을 위탁받아 섬기고 살피는 책임을 가진 목양자로서 그들이 살고 있는 정치, 경제, 사회, 문화적 삶의 정황을 돌아보며 성도들이 그 속에서 어떤 어려움을 겪고 있는지 확인하여 함께 기도한다. 인도자가 일정한 기도의 제목들을 알린 다음에 회중이 한 번에 한 가지씩 기도드리도록 하는 것이 좋다.

연도

연도(連禱)는 회중의 예배 참여를 격려하는 효과적인 방법이며 기도의 한 형태이다. 고정된 기도문이 있어서 교역자가 짧은 기도를 드리면 이에 응답하여 회중이 기도를 드린다. 우리가 지금 사용하는 교독문 정도로 이해하면 된다.

봉헌 기도

공동 기도의 절정으로 예배에서 매우 중요한 의미를 지닌다. 이 기도는 성찬식에서 성별의 기도 끝이나 성찬이 없다면 회중의 헌금을 봉헌하는 자리에서 드려진다. 봉헌 기도는 물질을 드리는 것만을 뜻하는 것이 아니라 원칙적으로 희생의 예물을 대신하는 것으로서 회중 각자의 몸과 마음을 드리는 것이며, 하나님께서 주신 은혜에 응답하는 상징적 행위이다.

축도

예배 의식의 절정을 이루는 이 기도는 하나님의 돌보심에 우리 자신을 맡기고, 하나님의 복을 회중에게 선포하는 귀중한 기도이다. 이 기도의 목적은 하나님의 은혜를 받고 하나님의 뜻을 수행하기 위해 세상으로 나가는 성도들에게 하나님의 영광을 위한 삶을 살고 세상의 빛이요 증인의 삶을 살기 위한 복을 선언하는 데 있다.

아론의 축도는 여러 세기를 거쳐 사용되었다.

"여호와는 네게 복을 주시고 너를 지키시기를 원하며 여호와는 그 얼굴로 네게 비취사 은혜 베푸시기를 원하며 여호와는 그 얼굴을 네게로 향하여 드사 평강 주시기를 원하노라"(민 6:24-26).

바울이 고린도 사람들에게 보낸 두 번째 편지의 끝맺는 말은 또 하나의 좋은 축도이다.

"주 예수 그리스도의 은혜와 하나님의 사랑과 성령의 교통하심이 너희 무리와 함께 있을지어다"(고후 13:13).

기도 인도의 준비

개인적으로 기도하라.

사람이 먼저 개인적으로 하나님을 예배하지 않는다면 예배드릴 때 다른 사람들을 인도할 준비가 되어 있지 못한 것이다. 스펄전은 개인적 기도는 공적인 기도를 위한 훈련의 기초라고 진술했다.

요구를 참작하라.

교역자는 기도를 준비할 때 회중의 요구를 살펴야 한다. 궁극적으로 기도의 내용은 기도의 기술이나 형식보다 더 중요하다.

성경의 기도를 연구하라.
성경는 기도의 학교에서 가장 귀중한 보화를 가지고 있다.

다른 사람들의 기도를 연구하라.
다른 사람들이 만든 전형적인 기도문을 연구할 때 그의 마음은 살찐다. 교역자는 역사를 통하여 다른 사람들이 공중 기도 인도에 관하여 배운 것에서 유익을 얻기 위하여, 공중 기도의 편람들을 잘 알아야 한다.

기도의 윤곽을 잡아서 기록하라.
기도를 공중 앞에서 읽기 위하여 기록하라는 말이 아니다. 좀 더 정확히 말하면, 기도를 써 놓으면 기도가 구체화되고 목적이 분명해진다. 준비의 한 방법으로서 설교를 기록하는 것만큼 기도를 기록하는 것도 중요하다.

기도의 일부를 암기하라.
기도의 처음 한두 구절은 암기하는 것이 좋다. 잘 고른 첫 몇 마디는 유용한 기도와 예배를 어수선하게 만드는 기도 사이의 차이점을 드러낼 것이다.

성령님을 의지하라.
예배하는 모든 사람은 개인 기도와 공중 기도에서 성령님을 의지하도록 힘써야 한다. 바울은 사람들을 권하여 영과 또 마음으로 기도하게 했다(고전 14:15).

그 외에 기도에서 기억해야 할 것들

더 깊이 있는 하나님과의 만남을 위해 우리는 기도와 찬양을 조성하는 분위기로 기도를 감싸야 한다. 예배 인도자가 몇 가지 광고를 늘어놓은 다음에 갑자기 "기도합시다"라고 말하는 교회를 방문한 경험이 있다. 기도는 실제로 드려지기 전에 분위기에 의해 좌우된다. 그러므로 그런 식으로 기도를 다루는 것은 사람들이 기도의 분위기를 체험하는 데 방해가 된다.

침묵의 순간이나 부드러운 음악, 또는 성경 본문을 읽음으로써 기도를 인도하면 훨씬 더 많은 것을 기도로부터 끌어낼 수 있다. 카를로 카렛토는 성소에 기도하러 들어가기 전에 한 시간 정도 사막에 들어가는 습관에 관해서 말했다. 그는 냉혹한 사람조차도 하나님께 기도하기 전에 마음을 가다듬어야 한다고 말한다. 그것은 개인의 경건 생활뿐 아니라 공예배에서도 좋은 규례이다.

공적 예배 중에 개인적인 기도를 드릴 수 있는 침묵의 시간을 마련해야 한다. 시편 기자는 이렇게 말하고 있다.

"너희는 가만히 있어 내가 하나님 됨을 알지어다"(시 46:10).

퀘이커 교도들은 예배 중에 예배자들이 마음속에서 성령의 음성을 들을 수 있는 창조적인 묵상 시간의 유익을 오랫동안에 걸쳐 이해해 왔다. 침묵에 익숙하지 않은 사람들은 혼자 내버려둘 경우에 지루함을 느끼거나 불안해 하는 경향이 있다. 그러나 그러한 순간을 서서히 도입하는 것은 우리가 경배하는 하나님께서 주 예수 그리스도의 아버지이실 뿐 아니라 신비스러운 분이심을 기억하도록 도와줄 수 있다.

예배 중에 드리는 기도가 지루한가? 예배자들이 하나님과의 관계 그리고 그분께 예배드리는 데 지루함을 느끼지 않는다면 기도는 지루하지 않을 것이다. 오히려 기도는 예배 중 가장 흥분되는 시간이어야 한다. 기도는 영원에 이르는 장막을 뚫고 하나님께 말씀드릴 수 있는 가장 용이한 순간이기 때문이다.

인도자는 다만 회중에게 예배의 진정한 의미를 소개함으로써 회중 들이 처음부터 끝까지 영적인 예배를 드리고 기도에 최선을 다할 수 있게 만들어주기만 하면 된다. 그러면 하늘에서 들으시는 하나님께서 놀라운 방법으로 응답해 주실 것이다.

【 생각해 볼 문제 】

1. 예배에는 기도가 중요한 비중을 차지한다. 왜 그러한가?

2. 공중 예배에서 드리는 기도가 회중에게 은혜를 끼치고 하나님께 드려지는 바른 기도이기 위해서 필요한 원칙은 무엇인가?

3. 기도를 인도하는 사람은 어떻게 준비해야 하는가?

4. 기도의 모범으로 불리는 주의 기도에서 알 수 있는 기도가 지녀야 할 내용은 무엇인가?

10 예배에서의 설교

우리가 드리는 예배를 살펴보자. 예배를 예배되게 하고 다양한 예배자들을 하나로 묶어주는 것이 있다. 하나님의 말씀인 성경이다. 성경은 설교자와 회중을 하나로 묶어 한 생각을 가지게 하며 예배의 방향을 제시한다. 결국 성경은 예배의 중심이다.

하나님께서는 사람의 언어(말)를 수레로 사용하여 하나님의 말씀을 사람에게 전달하신다. 성경은 성령님에 의하여 사람들에게 계시된 '하나님의 역사 속에서의 활동'을 써놓은 기록이다. 그러므로 성경은 객관적 내용의 주된 원천으로서 예배에서 그리스도를 믿음의 대상으로 제시한다. 뿐만아니라 성경은 예배에서 사람의 생각을 지도하고 예배의 정신을 창조한다.

예배 순서의 많은 요소는 성경적 내용으로 가득 차 있다. 음악, 특히 찬송은 가사를 통해 성경적 진리를 전달한다. 공중 기도는 흔히 성경의 정신과 용어에 젖어 있다.

성경 낭독

성경은 기록된 하나님의 말씀이요, 예수 그리스도 안에 있는 하나님의 구속의 사랑에 대한 복음을 전달하는 매개체로서 하나님의 구원 사역과 지혜와 능력을 모든 인류와 각 시대에 전달하고 있다. 따라서 예배가 하나님의 계시에 의존하고 있는 한 성경이 중심에 있어야 한다. 회중은 강단에서 말씀에 접하게 되며, 이 계시에 대한 응답으로 모인 교회는 신령과 진정으로 하나님께 예배하게 되는 것이다.

성경 낭독은 공적 예배에서 없어서는 안 되는 아주 중요한 요소이다. 성경 낭독은 설교보다 더 하나님께서 직접적으로 그의 백성들에게 말씀하시는 것이 된다. 성경 낭독은 설교와 관련하여 예배의 통일성을 가지게 하는데 유익하지만, 단순히 설교의 본문을 소개하는 것으로 그쳐서는 안 되고 성경 낭독 그 자체가 예배의 독립된 요소라고 생각하고 이해해야 한다.

현재 많은 교파에서 사용하고 있는 성경 낭독은 4세기경에 확립된 것이 그대로 전해 온 것이다. 그 당시에는 구약, 신약의 복음서와 서신서에서 각각 한 본문을 낭독했다. 성경 낭독을 할 때에는 본문이 어디든 간에 모든 회중에게 살아 있는 하나님의 말씀이 되도록 낭독해야 한다. 이 순서는 살아 계신 하나님의 말씀을 받는 시간이다. 그리고 성경 낭독은 듣는 자에게 영감을 줄 수 있도록 정성스러운 마음으로 읽어야 한다는 것에 주의해야 한다.

예배 가운데 하나님의 말씀인 성경을 봉독하고 그 말씀을 회중이 경청함으로써 큰 은혜를 받고 새 삶으로 나가는 역사를 성경에서 찾아볼 수 있다. 구약 성경 느헤미야 8장 5-6절을 보면 학사요 제사장인 에스라가 성경 중심의 회당 예배로 갱신한 것을 알 수 있다.

"에스라가 모든 백성 위에 서서 그들 목전에 책을 펴니 책을 펼 때에 모든 백성이 일어서니라 에스라가 위대하신 하나님 여호와를 송축하매 모든 백성이 손을 들고 아멘 아멘 하고 응답하고 몸을 굽혀 얼굴을 땅에 대고 여호와께 경배하니라…… 레위 사람들은 백성이 제자리에 서 있는 동안 그들에게 율법을 깨닫게 하였는데 하나님의 율법책을 낭독하고 그 뜻을 해석하여 백성에게 그 낭독하는 것을 다 깨닫게 하니"(느 8:5-8).

이 사건에서 성경 봉독자는 회중이 볼 수 있는 곳에 섰고 에스라가 하나님을 찬양하니 회중은 손을 들고 아멘으로 응답했고, 무릎을 꿇고 하나님께 경배했으며, 레위 사람들이 성경을 읽고 회중에게 그 의미를 밝히 깨닫게 하였다고 한다. 이와 같은 예배에서 성경 봉독과 강론의 강조는 회당에서 기독교 예배로 옮겨졌다고 할 수 있다.

신약 성경 누가복음 4장 16-30절에는 나사렛에서 예수님께서 자기의 규례대로 회당에 들어가서 그 자신에 관한 선지자의 증언을 읽고 모든 사람들을 주목케 하여 은혜로운 말씀에 놀라게 하는 모습이 기록되어 있다. 이처럼 성경 봉독은 성령의 한 통로로서 회중이 하나님의 말씀과 만나는 감격스러운 경험을 가지게 하는 것이다. 초대 교회는 말씀의 예배에서 율법, 선지서들과 서신서와 사도행전과 복음서를 읽었고 회중은 시편을 노래함으로써 응답했다.

성경 본문 낭독의 기술

성경 낭독은 그 자체가 기록된 말씀(성경)이 증언하는 살아 계신 말씀(그리스도)의 예배의 한 행위이다. 성경의 영향력은 예배에서 간접적이지 않다. 성령님께서 기록된 하나님의 말씀인 성경을 통하여 예배자들에게 하나님의 계시를 제시하시고, 이에 회중은 하나님의 말씀에 새롭게 접근하며 계시의 응답으로서의 예배 분위기를 만들게 되는 것이다.

성경 봉독을 위한 말씀의 선택과 봉독에 있어서 예배 인도자는 성실한 마음으로 다음의 사항들에 유의해야 한다.

①설교 본문이 아닌 봉독을 위한 말씀은 교훈을 주며 신앙심을 일깨워주는 헌신적인 것이어야 한다.

②봉독을 위한 하나님의 말씀은 형태와 언어와 표현이 비교적 단순해야 한다.

③신구약 성경 각 책에서 경건한 분위기를 만드는 하나님의 말씀을 선택해야 한다.

④경외하는 마음으로 성경을 다루라. 이것이 하나님의 말씀이라는 느낌을 전하라. 그것을 위해서 봉독자는 성경을 정확 무오한 하나님의 말씀이라고 믿는 사람이어야 한다.

⑤그 성구를 현명하고 확실하게 알리라.

⑥성경을 해석적으로 읽으라. 중요한 낱말들, 특히 동사와 명사들을 강조하라. 성경을 봉독하는 사람은 읽는 성경의 기본적인 의미와 상황을 알도록 노력해야 한다.

⑦회중들이 이해할 수 있도록 똑똑하고 확실하게 읽으라. 특별히 시적인 성구를 읽을 때에는 장단이 맞게 운율을 기억하며 읽도록 한다.

⑧ 중단하거나 설명하지 말고 그대로 평범하게 읽으라. 설명이 필요하다면 읽기 전에 미리 간단한 설명을 하는 것이 좋다. 그 본문을 읽고 난 후에는 성경이 스스로 말하도록 하자.

⑨ 설교 본문은 설교자가 봉독하고 다른 성경은 평신도 중에서 대표를 선정하여 정중히 봉독하게 하는 것이, 예배 순서에 평신도들을 참여케 하여 회중들로 하여금 말씀에 대한 친근감을 갖게 하는 데 도움이 된다.

성경은 공예배에서 성경을 읽을 것을 명령한다.
"읽는 것……에 전념하라"(딤전 4:13).
그리스도께서도 회당 예배에서 성경을 읽으셨는데 이것이 하나의 전례이다(눅 4:16-21). 또한 신약 성경의 서신들 가운데 많은 것이 교회의 공예배에서 낭독되기 위한 목적으로 기록되었다(골 4:16; 살전 5:27;몬 2절). 그리고 성경 봉독 시간에 각자의 성경을 펴서 따라 읽거나 한 목소리로 낭송하거나 교독한다면 예배를 이해하는 데 훨씬 도움이 될 것이다.

하나님의 모든 권고, 즉 신약과 구약을 체계적으로 살펴보는 것은 예배의 필수적인 요건이다. 성경을 봉독할 때 오르간을 연주하는 것이 도움이 되기도 한다. 아무튼 성경은 하나님과 하나님 백성 간의 생명의 교통으로 대해야 한다.

예배의 본질로서의 설교

역사가 흐르고 세월이 바뀌어도 변함없는 원리 한 가지가 있다. 그것은 하나님의 말씀을 선포하는 설교인데 잃어버린 세상의 영혼들을 구원하고 교회가 진리 가운데 든든히 서가게 하시는 하나님의 최상의 방편이라는 것이다. 이것은 성경의 증언일 뿐만 아니라 교회사의 경험이기도 하다.

설교는 예배의 한 부분이다. 예배를 기도와 찬송으로 아뢰며 경배하는 부분과 하나님께서 말씀하시는 두 부분으로 나눈다면, 설교는 성경 봉독과 함께 하나님께서 우리에게 말씀하시는 부분이다. 칼빈의 「교회론」의 말을 빌려 말하자면, 하나님의 말씀이 먼저 있고 말씀에 대한 우리의 응답이 있는 것이므로 예배에서 설교는 매우 중요하다. 예배를 위한 찬송을 선택할 때에도 설교 말씀의 내용을 고려하게 되고, 설교 후에 부르는 찬송은 말할 것도 없거니와 앞부분의 찬송을 택할 때도 그 날 설교를 고려해서 정한다. 다른 순서는 설교에 부수적인 요소라는 생각에서가 아니고 그 날 예배에서 하나님께서 주시는 말씀과 그 말씀에 대한 우리의 응답의 조화와 통일을 기하기 위해서이다.

설교는 예배의 한 부분으로서 의미를 가진다. 설교라는 말이 그렇게 개념화된 것으로 이해해야 한다. 그러므로 예배 순서지에 설교 대신 말씀 선포 등 여러 가지 다른 말로 표현하기도 하는데 설교는 그냥 설교라고 칭하는 것이 좋다. '설교'는 선포되고 기록된 말씀을 강론하거나 전달하는 것이므로 선포하는 것과 가르치는 것을 모두 함축한 말로 사용해 왔다.

설교는 예배 순서를 위한 한 부속물이나 회중들에게 싫증이 나는 연설이 되어서는 안 된다. 설교는 예배의 핵심이며 클라이맥스가 되어야 한다. 그러나 설교가 예배의 다른 요소로부터 고립되어서는 안 된다. 설교는 교회의 예배라는 구체적인 순서 속에 언제나 넣어서 시행되어야 한다.

말씀의 선포

존 스토트는 설교의 중요성에 대해 다음과 같이 말한다.
"기독교는 본질상 하나님의 말씀의 종교이기 때문에 설교는 기독교 예배에서 절대적으로 필요하다."
한걸음 더 나아가 폴사이드는 그의 책「적극적 설교와 현대인의 정신」에서 "기독 교회는 설교에 의해 존립할 수도 있고 무너질 수도 있다"고 밝히고 있다.
설교의 참된 목표는 사람들을 즐겁게 하는 것이 아니라 그들을 구원으로 인도하고, 어떻게 하나님을 발견할 수 있는가를 가르치는 것이다. 즉 변치 않는 하나님의 말씀을 끊임없이 변화하는 세계에 관련성 있게 적용하는 것이 되어야 한다. 하나님의 말씀을 세상에 선포하는 것은 '해도 좋고 안 해도 상관없는' 선택적인 일이 아니기 때문이다. 설교는 사람들이 이해할 수 있는 것이어야만 한다.
"말씀 선포는 성경의 가르침을 오늘날 일어나고 있는 일에 관련시키는 것이다."
예배와 관계있는 설교에 대한 극단적 태도에는 두 가지가 있다. 성례전주의자들은 성례전을 존중하므로 설교의 순서를 거절했다. 마르틴 루터는 자기 당대의 교회에 설교가 없음을 개탄했다. 그는 그리스도인의 회중이 하나님의 말씀에 대한 설교가 없을 바엔 결코 모여서는 안 된다고 천명했다. 또 하나의 극단적인 견해는 기도, 찬송, 성경의 낭독을 성경 강해인 설교의 전채(前菜, 식욕을 돋우기 위하여 식사의 시초에 나오는 간단한 채소)로 격하시킨 사람들 가운데서 발견된다. 설교를 지나치게 강조함으로써 예배의 다른 부분들의 귀중성이 모호하게 되어버렸다.

그러나 예배 의식에서 설교와 다른 요소들과의 통일성과 조화를 강조하기 위하여 몇 가지 제안을 아래에 제시한다.

모든 성경적 설교는 당대의 대화이다.
설교는 하나님께 바치는 것인 동시에 사람에게 주시는 하나님의 말씀이다. 강해 설교는 하나님의 메시지를 사람에게 전하는 것이다. 설교는 하나님께서 행하시는 한 사건이다. 성경을 펼치고 그 속에서 예수 그리스도의 인격에 초점을 둔, 사람에게 주신 하나님의 말씀을 찾는 모든 설교는 강해(Expository)이다.

설교는 세상을 향한 교회의 증언이다.
설교는 각 설교자의 것이기 이전에 교회의 것이다. 이것은 주님께서 그의 교회에 맡기신 것 가운데 한 부분이다. 그 안에 교회의 신앙 고백이 들어 있다.

설교는 또한 설교자 자신의 개인적인 증언이다.
영원한 복음은 각 설교자에게서 그 시대와 같이하고 개성을 뚜렷이하여 현실화한다. 하나님의 은혜로 구속함을 받고 성령님께 힘을 얻은 설교자는 그가 보고 듣고 체험한 바를 전한다.

설교는 다른 예배 순서들과 조화를 이루며 균형이 잡히도록 해야 한다.
예배의 여러 가지 순서들이 설교의 내용과 일치하고 조화를 이루며 상호 보충 관계에 있을 때, 가장 좋은 설교는 예배의 다른 모든 행위에 적극적으로 공헌한다.

본질적으로 설교는 예배의 한 행위이다.

만일 예배가 하나님과 사람 사이의 상호 전달이라면, 사람을 하나님 앞으로 인도하는 설교는 두말할 것 없이 예배의 한 행위이다.

설교는 예배자로 하여금 예배의 대상이신 하나님과 바른 관계를 갖게 한다. 그리고 예배자의 심령을 밝혀 그들의 삶이 하나님의 진리를 따르게 하는 데 설교의 목적이 있다.

설교자는 하나님 메시지의 열정 있는 전달자가 되어야 한다. 즉 살아 계신 하나님의 살아 있는 말씀을 살아 있는 사람들에게 열렬히 증거해야 한다. 설교자의 가장 큰 두 가지 위기가 있는데 하나는 지적 고갈이다. 지적 고갈은 설교자로 하여금 자신감을 잃게 하고 소극적이 되게 한다. 설교자가 부딪히게 되는 또 다른 위기는 영적 고갈이다. 이는 설교자로 하여금 매사를 메마름에 머물게 한다. 예배가 예배다워지려면 먼저 설교자의 묵상 생활이 전제되어야 한다.

진정으로 효과적인 설교는 훌륭한 기술을 갖추는 데 있지 않고 어떠한 확신에 사로잡히는가에 달려 있다. 이 확신은 먼저 하나님에 대한 확신이다. 하나님은 빛이시며, 예수 그리스도 안에서 행하시고 자기를 계시하셨으며, 인간의 언어로 말씀하셨다는 확신이다. 다음은 성경은 '하나님의 말씀이 기록된 것'이라는 확신이다. 설교자의 책임은 그리스도에 대한 20세기적 증거를 하는 데 있지 않고, 하나님의 말씀을 20세기 세계에 전달하는 데 있다. 세 번째는 교회는 하나님께서 말씀으로 세우셨으며, 말씀으로 다스리시고, 말씀으로 먹이신다는 확신이다. 네 번째로 목사는 '성직자'가 아닌 '목회자'로서 말씀으로 양떼를 먹이는 임무를 맡았다는 확신이다. 목사는 가르치는 사람이다.

　설교자는 그리스도인들이 세속의 삶에서 행동의 원칙으로 삼아야 할 명백한 성경적 원리들을 선포해야 한다. 그러므로 설교자는 자신뿐만 아니라 그리스도인들로 하여금 기독교적 지성을 계발하도록 도와야 한다.

　설교자 자신이 그리스도를 알아야 한다.

　설교는 설교자의 인격과 결코 분리될 수 없다.

　설교자는 반드시 성령으로 충만해야 한다.

　설교자는 영적으로 방황하는 사람에 대한 관심이 있어야 한다.

　설교자는 성경에 대한 철저한 지식이 있어야 한다.

　설교자의 할 일은 자기 자신의 생각을 전달하는 것이 아니라 하나님의 말씀인 성경에 근거한 하나님의 메시지를 알리는 것이다.

설교와 회중

　우리는 설교를 하나님의 말씀으로 들어야 한다. 하나님의 백성인 교회 공동체가 하나님과 대면하는 자리인 예배에서, 옷깃을 여미고 하나님께서 그 시간에 우리에게 필요한 영의 양식으로서 주시는 말씀으로 알고 경청하는 자세로 들어야 하는 것이 설교이다.

　녹음 설교를 들을 때에는 예배할 때의 자세를 갖지 못한다. 회중이라는 교회 공동체도 안중에 없다. 안락 의자에 앉거나 아무렇게나 편한 자세를 취하여 마치 레코드 음악을 감상하듯이, 아니면 라디오를 통하여 나오는 소설이나 드라마 낭독을 즐기듯이 설교를 듣는다. 아무개의 무슨 설교를 내 마음대로, 내 취향대로 골라 듣는다. 그리고 설교가 좋다거나 잘한다고 말하면서 옆 사람에게 동의를 구한다.

이러한 자세는 설교를 감상하는 자세이지 하나님의 말씀으로 듣는 자세는 아니다. 그리고 이런 식으로 듣는 설교는 사람들의 귀만 높여준다. 그리스도인들이 교회 공동체를 의식하지 않는 가운데서 자주 이런 식으로 설교를 들으면 개인주의적이며 이기적인 신자가 된다.

하나님의 말씀을 감상 거리로 혹은 지적 욕구를 충족시켜 주는 이야기거리로 취급하는 자세는 하나님을 거룩히 여기는 자세일 수가 없다.

【 생각해 볼 문제 】

1. 성경 낭독이 공적 예배에 반드시 있어야 하는 이유는 무엇인가?

2. 예배에서 설교의 의미는 무엇인가?

3. 예배 의식의 여러 다른 요소들과 설교가 조화를 이루기 위해서 가져야 하는 근본적인 지침들은 무엇인가?

4. 설교자의 자세와 회중의 자세는 어떠해야 하는가?

오직 여호와는 그 성전에 계시니
온 땅은 그 앞에서 잠잠할지니라 하시니라
(합 2:20)

11 예배에서의 기타 순서

모든 예배가 통일성 있고 신령과 진정으로 드리는 영적 예배가 되기 위해서는 예배의 제요소에 대한 이해가 절실히 필요하다.

전주

예배는 주보 위에 기록된 전주곡을 연주함과 동시에 시작된다. 이것은 예배가 시작되기 전(약 3분 내지 5분 정도)에 예배를 준비하기 위하여 하는 오르간이나 피아노 연주로서, 예배자로 하여금 하나님께 명상과 기도를 드리도록 도와주는 역할을 한다. 그러므로 이때의 전주곡은 하나님의 임재(성령)를 상징하는 의미가 부여되는 곡이 좋을 것이다.

예배의 선언(예배에의 부름)

이 순서에는 개회 선언(예를 들면, "이제 다 같이 마음과 정성을 다하여 살아 계신 하나님께 예배를 드립시다") 또는 적절한 성구 낭송(예를 들면 요 4:24의 "하나님은 영이시니 예배하는 자가 영과 진리로 예배할지니라")과 이에 대한 성가대의 화답송 등으로 진행되는 것이 보통이다. 하나님의 명령에 따라 예배드리는 분위기를 형성하는 순서로서 온 회중으로 하여금 하나님과의 교통의 시작을 느끼게 하는 시간이다.

개회 찬송(경배의 찬송)

하나님께 공동으로 드리는 찬양으로, 예배에 부름을 받은 회중들이 죄인 된 자신들을 거룩한 존전에 예배하도록 불러주신 하나님께 찬양으로 응답하는 순서이다. 개회 찬송을 선곡할 때에는 신중하게 판단하여 가사나 음악이 즐겁고 경건하며 강한 느낌을 주는 것으로 선택해야 한다. 이 순서에서 부를 찬송은 예전적으로 하나님께 드리는 경배와 찬양의 뜻이 담긴 찬송이 바람직하다.

예배의 기원

예배 시작에 드리는 기도는 예배의 인도자나 회중이 예배 가운데 성령으로 임재하신 하나님의 현존을 깨닫게 해달라는 단순한 기원의 성격을 띠어야 한다. 하나님의 높으신 경륜을 감사하고 예배를 통하여 오직 하나님께서만 영광을 받으시도록 기원하는 내용이어야 한다. 죄의 고백이나 간구하는 내용의 기도는 이 부분에서 예배 순서상 피하는 것이 좋다.

참회의 기도

예배 가운데 하나님께 죄를 고백하는 일은 매우 중요하다. 예배자들이 죄악된 사연을 그대로 품은 채 거룩하신 하나님을 만나는 것은 불가능하기 때문이다. 예배자의 죄의 고백은 신학적으로 하나님과의 교통을 위한 전제 조건이다. 예배자가 하나님의 거룩한 존전에 서 있는 한 실존으로서 허물진 자신의 모습을 내놓고 하나님의 용서와 임재를 간구하는 것은, 하나님께서 받으시는 합당한 예배가 되기 위해서 예배의 구성상 절대적으로 필요한 순서이다.

사죄의 선언

이 순서는 예배자들이 앞서 행한 참회의 기도에 대해 하나님의 용서와 그 용서의 보증을 성경 말씀을 통해 선언하는 것이다. 그러나 예배 인도자는 이러한 선언이 결코 면죄를 선언하는 것이 아님을 명심해야 할 뿐만 아니라, 인도자 자신의 권위로 용서하는 것이 아니라 용서의 주인이신 하나님의 말씀을 들려줌으로서 예배자가 용서의 은혜를 깨닫게 하는 순서임을 잊지 말아야 한다.

신앙 고백(사도신경)

사도신경에 의한 신앙 고백은 하나님의 부르심에 대한 교회적 응답이다. 예배 중에 이와 같은 신앙 고백을 하는 것은 교회의 역사와 전통을 현재와 연결하는 면에서 중요하며, 동시에 이 순서는 예배 참여자들에게 신앙의 대상으로서의 삼위 일체 하나님에 대한 자신의 신앙을 확인하는 의미를 지닌다.

성시 교독

회중과 인도자가 하나님의 말씀을 함께 교독하는 순서로서 회당 예배로부터 물려받은 성서 교독(눅 4:16 참조)과 맥락을 같이 한다고 볼 수 있다. 한국 교회에서는 찬송가 뒤에 첨부되어 있는 교독문을 교회력이나 그 날의 설교 내용과는 상관없이 차례대로 사용하고 있는데 이러한 예배의 준비 자세는 재고되어야 한다. 그 날의 예배 성격과 맞는 성시 교독을 위해서는 목회자가 손수 성경에서 찾아서 준비해야 한다. 찬송가 뒤에 있는 교독문은 어디까지나 참고용이지 예배의 필수용은 아니다.

찬 송

이때의 찬송은 예수 그리스도를 통한 속죄의 은혜를 감사하는 찬송이 좋다. 또는 하나님의 사랑과 은총을 감사하는 찬송이나 그 날의 설교와 관련된 하나님의 은혜를 바라는 찬송이 적합하다.

목회 기도

목양적 책임을 가진 목사가 목회 전반에 걸쳐 하나님의 도우심과 보호를 기원하는 제사장적 기능을 수행하는 부분으로서, 예전의 원리에 따라서 교회의 목사가 하는 것이 좋다. 만약 장로가 이 순서를 맡게 된다면 다음의 몇 가지 사항에 대한 예전적인 주의가 있어야 한다.

첫째, 죄 고백에 대한 기도는 반복하지 않도록 하고, 교회의 전반적인 일들을 일일이 기도하기보다는 범사에 돌보시는 하나님의 은혜에 감사하게 하는 것이어야 한다. 둘째, 기도는 간략하게, 회중들이 쉽게 공감하고 이해하는 내용과 언어로 해야 한다. 셋째, 즉흥적인 기도가 아닌 준비된 기도여야 한다.

성가대의 찬양

성가대의 찬양은 전체 회중을 대표하여 하나님께 찬양을 드리는 것으로, 이때 회중도 함께 하나님께 찬양을 드리는 마음가짐을 지녀야 한다. 특별히 성가를 부르는 대원들은 하나님의 영광을 위하여 찬양하는 것이므로 마음으로부터의 깊은 신앙의 표현으로 불러야 한다.

말씀(설교)

설교는 개혁 교회 예배의 심장부와 같다. 설교 없이는 예배일

수가 없다고 할 정도로 설교의 위치는 오늘까지 예배에서 중히 다루어지고 있다. 설교는 설교자가 하나님의 말씀을 회중들에게 그들의 언어로 해석해 주고 생활 속에 구체적으로 현장화시키는 예배에서 가장 활력 있는 순서이다. 이때 설교자는 하나님의 말씀만을 가감 없이 증거한다는 분명한 인식을 가져야 하며, 만에 하나라도 하나님의 이름을 빌려서 설교자 자신의 생각을 전한다면 기독교 예배의 본질상 결코 용납될 수 없는 일이다.

설교 후의 기도와 찬송

설교 후에 설교자는 간단한 기도를 한다. 이것은 받은 바 말씀의 은혜에 대한 회중의 감사와 헌신을 위한 결단의 기도이다. 그리고 이 기도와 함께 회중 찬송이 진행된다. 이때의 찬송은 역시 말씀을 통하여 받은 바 은혜에 감사하는 찬송과 순종에 대한 결심을 돕는 찬송이 적합하다.

헌금

하나님의 은혜에 감사하는 순서이다. 하나님께서 예배를 통하여 베푸시는 은혜뿐만 아니라 범사에 베푸신 은혜에 감사하는 것은 그리스도인들의 삶의 책임이다(살전 5:18). 헌금은 이러한 책임을 구체적으로 실천하는 하나의 거룩한 수단이다. 헌금에 대한 감사 기도는 예배 인도자인 목사가 해야 하는데, 헌금을 드린 회중들을 일일이 호명하거나 하나하나 거명하면서 하나님께서 복 주시기를 비는 기도는 기독교 예배의 본질과 맞지 않으므로 삼가해야 한다(고전 16:1-3 ; 고후 8:4-9 참조).

교회의 소식(성도의 교제)

초대 교회로부터 내려온 전통적인 순서로서 성경에 보면 "거룩하게 입맞춤으로 모든 형제에게 문안하라"(살전 5:26)고 했고 그 외에도 고린도전서 16장 20절, 고린도후서 13장 12절 등에서 그 모습을 찾아볼 수 있다. 예배자들은 이 교제의 순서를 통하여 가벼운 안부와 인사를 나누고, 인사가 끝나면 예배 인도자가 한 주간 있었던 혹은 있을 교회안의 일과 계획을 안내하는 순서이다.

축도

축도의 근본적인 취지는 두 가지이다. 첫째는 세상 속으로 나아가는 회중들에게 하나님을 위한 사명적 존재로서의 삶을 살 것을 독려하는 것과, 둘째는 그러한 삶을 살아가려는 자들에게 성삼위 하나님께서 함께 하시겠다는 확약(確約)의 선언이다.

【 생각해 볼 문제 】

1. 예배 때에 드리는 참회의 기도는 우리에게 어떤 의미가 있는가?

2. 예배에서 사도신경을 낭독하는 이유는 무엇인가?

3. 성가대가 찬양을 부를 때는 어떤 마음가짐을 가져야 하는가?

4. 헌금을 드리는 자에게 있어서 어떤 마음의 자세가 필요한가?

참고문헌

김득룡, 현대교회 예배학 신강. 서울 : 총신대학 출판부, 1988.
김영재, 교회와 예배. 서울 : 합동신학교 출판부, 1995.
김소영, 현대 예배학. 서울 : 대한기독교서회, 1993.
박근원, 오늘의 예배론. 서울 : 대한기독교서회, 1992.
정일웅, 기독교 예배학 개론. 서울 : 솔로몬, 1993.
정장복, 예배학 개론. 서울 : 종로서적, 1985.

Benedict, Daniel T. & Craig Kennet Miller. Contemporary Worship for the 21st century. Nashville: Discipleship Resources, 1995.
Colins, Mary. Worship: Renewal to Practice. Washington, D.C.: The pastoral Press, 1987.
Davies, J.G. New Perspectives on Worship Today. London: SCM Press, 1978.
The New Westminster Dictionary of Liturgy and Worship Philadelphia: Westminster Press, 1986.
Nartin, Ralph P. The Worship of God. Grand Rapids: Eerdmans Publishing Co., 1982.
Maxwell, William D. A History of Christian Worship. Grand Rapids: Baker Book House, 1973.
Saliers. Don E. Worship as Theology. Nashville: Abingdon Press, 1994.

현대인을 위한 신학총서 7

예 배 학

초판 발행 · 1998년 10월 20일
초판 10쇄 · 2024년 10월 26일

지은이 · 황성철 교수

편집 · 대한예수교장로회총회 교육부
제작 · 대한예수교장로회총회 출판부
발행 · 대한예수교장로회총회

주소 · 서울시 강남구 영동대로 330
전화 · (02)559-5655~6
팩스 · (02)6940-9384
인터넷 서점 · www.holyonebook.com
출판등록 · 제1977-000003호

ISBN 978-89-88327-05-0 03230

ⓒ1998, 대한예수교장로회총회
※잘못된 책은 바꾸어 드립니다.